Um tempo no inferno
& Iluminações

Arthur Rimbaud

Um tempo no inferno
& Iluminações

tradução e organização
Júlio Castañon Guimarães

todavia

Um tempo no inferno 7

Iluminações 71

Rascunhos de *Um tempo no inferno* 175

Prosas evangélicas 181

Os desertos do amor 185

Cartas do vidente 189

Carta a Georges Izambard 191

Carta a Paul Demeny 194

Sobre Rimbaud 205

A Arthur Rimbaud, por Paul Verlaine 207

Notícia, por Paul Verlaine 208

Novas notas sobre Rimbaud, por Paul Verlaine 210

Arthur Rimbaud, por Paul Verlaine 214

Arthur Rimbaud, por Gustave Kahn 219

Sobre Rimbaud, por Jacques Rivière 235

Carta de Arthur Rimbaud ao sr. Lucien Hubert, ministro da Justiça, por *La Révolution Surréaliste* 238

Notas 241

Sobre esta edição 251

Une saison en enfer

Um tempo no inferno

"Jadis, si je me souviens bien, ma vie était un festin où s'ouvraient tous les cœurs, où tous les vins coulaient.

Un soir, j'ai assis la Beauté sur mes genoux. — Et je l'ai trouvée amère. — Et je l'ai injuriée.

Je me suis armé contre la justice.

Je me suis enfui. Ô sorcières, ô misère, ô haine, c'est à vous que mon trésor a été confié!

Je parvins à faire s'évanouir dans mon esprit toute l'espérance humaine. Sur toute joie pour l'étrangler j'ai fait le bond sourd de la bête féroce.

J'ai appelé les bourreaux pour, en périssant, mordre la crosse de leurs fusils. J'ai appelé les fléaux, pour m'étouffer avec le sable, le sang. Le malheur a été mon dieu. Je me suis allongé dans la boue. Je me suis séché à l'air du crime. Et j'ai joué de bons tours à la folie.

Et le printemps m'a apporté l'affreux rire de l'idiot.

Or, tout dernièrement m'étant trouvé sur le point de faire le dernier *couac*! j'ai songé à rechercher la clef du festin ancien, où je reprendrais peut-être appétit.

La charité est cette clef. — Cette inspiration prouve que j'ai rêvé!

"Tu resteras hyène, etc.," se récrie le démon qui me couronna de si aimables pavots. "Gagne la mort avec tous tes appétits, et ton égoïsme et tous les péchés capitaux."

Ah! j'en ai trop pris: — Mais, cher Satan, je vous en conjure, une prunelle moins irritée! et en attendant les quelques petites lâchetés en retard, vous qui aimez dans l'écrivain l'absence des facultés descriptives ou instructives, je vous détache ces quelques hideux feuillets de mon carnet de damné.

"No passado, se bem me lembro, minha vida era uma festa em que todos os corações se abriam, em que todos os vinhos corriam.

Num anoitecer, sentei a Beleza em meus joelhos. — E a achei amarga. — E a insultei.

Armei-me contra a justiça.

Fugi. Ó feiticeiras, ó desgraça, ó ódio, a vocês é que meu tesouro foi confiado!

Consegui fazer com que se dissipasse de meu espírito toda a esperança humana. Sobre toda alegria, para a estrangular, dei o salto surdo da fera.

Chamei carrascos para morrer mordendo a coronha de seus fuzis. Chamei flagelos, para que me sufocasse com areia, sangue. A infelicidade foi meu deus. Estirei-me na lama. Sequei-me ao ar do crime. E preguei peças na loucura.

E a primavera trouxe-me o riso horrendo do idiota.

Ora, recentemente, tendo achado que estava a ponto de bater as *botas*!, pensei em procurar a chave da antiga festa, onde eu talvez voltasse a ter apetite.

A caridade é essa chave. — Essa inspiração prova que eu estava sonhando!

"Continuarás sendo hiena etc.," brada o demônio que me coroou com tão adoráveis papoulas. "Alcança a morte com todos os teus apetites, e teu egoísmo e todos os pecados capitais."

Ah! é demais para mim: — Mas, caro Satã, eu vos rogo, um olhar menos irritado! e à espera de algumas pequenas fraquezas atrasadas, já que prezais no escritor a ausência das faculdades descritivas ou instrutivas, para vós arranco algumas folhas horríveis do meu caderno de condenado.

Mauvais sang

J'ai de mes ancêtres gaulois l'œil bleu blanc, la cervelle étroite, et la maladresse dans la lutte. Je trouve mon habillement aussi barbare que le leur. Mais je ne beurre pas ma chevelure.

Les Gaulois étaient les écorcheurs de bêtes, les brûleurs d'herbes les plus ineptes de leur temps.

D'eux, j'ai: l'idolâtrie et l'amour du sacrilège; — oh! tous les vices, colère, luxure, — magnifique, la luxure; — surtout mensonge et paresse.

J'ai horreur de tous les métiers. Maîtres et ouvriers, tous paysans, ignobles. La main à plume vaut la main à charrue. — Quel siècle à mains! — Je n'aurai jamais ma main. Après, la domesticité mène trop loin. L'honnêteté de la mendicité me navre. Les criminels dégoûtent comme des châtrés: moi, je suis intact, et ça m'est égal.

Mais! qui a fait ma langue perfide tellement, qu'elle ait guidé et sauvegardé jusqu'ici ma paresse? Sans me servir pour vivre même de mon corps, et plus oisif que le crapaud, j'ai vécu partout. Pas une famille d'Europe que je ne connaisse. — J'entends des familles comme la mienne, qui tiennent tout de la déclaration des Droits de l'Homme. — J'ai connu chaque fils de famille!

***

Si j'avais des antécédents à un point quelconque de l'histoire de France!

Mais non, rien.

Il m'est bien évident que j'ai toujours été race inférieure. Je ne puis comprendre la révolte. Ma race ne se souleva jamais que pour piller: tels les loups à la bête qu'ils n'ont pas tuée.

Je me rappelle l'histoire de la France fille aînée de l'Église. J'aurais fait, manant, le voyage de terre sainte; j'ai dans la tête

Sangue ruim

De meus ancestrais gauleses tenho o olho azul-claro, a cabeça estreita e o desajeitamento para a luta. Acho minhas roupas tão bárbaras quanto as deles. Mas não unto meus cabelos com manteiga. Os gauleses eram os mais ineptos esfoladores de animais e queimadores de mato de sua época.

Deles, tenho: a idolatria e o amor pelo sacrilégio; — oh! todos os vícios, cólera, luxúria — magnífica, a luxúria; — sobretudo mentira e preguiça.

Tenho horror a todos os ofícios. Patrões e trabalhadores, todos rudes, ignóbeis. A mão que usa da pena vale a mão que segura o arado. — Que século de mãos! — Jamais terei minha mão. Depois, a domesticidade leva muito longe. A decência da mendicidade me aflige. Os criminosos repugnam tal como os castrados: quanto a mim, estou intacto, e isso me é indiferente.

Mas! quem tornou minha língua de tal modo pérfida que ela guiou e salvaguardou até aqui minha preguiça? Sem me servir, para viver, nem mesmo de meu corpo, e mais ocioso que o sapo, vivi por toda parte. Não há família da Europa que eu não conheça. — Falo de famílias como a minha, que devem tudo à declaração dos Direitos do Homem — Conheci todos os filhos de famílias ricas!

***

Se eu tivesse antecedentes em um ponto qualquer da história da França!

Mas não, nada.

É evidente para mim que sempre fui raça inferior. Não posso compreender a revolta. Minha raça só se levantou para predar: assim como os lobos com o animal que não mataram.

Lembro-me da história da França filha primogênita da Igreja. Tosco, eu teria feito a viagem da terra santa; tenho na cabeça

des routes dans les plaines souabes, des vues de Byzance, des remparts de Solyme; le culte de Marie, l'attendrissement sur le crucifié s'éveillent en moi parmi mille féeries profanes. — Je suis assis, lépreux, sur les pots cassés et les orties, au pied d'un mur rongé par le soleil. — Plus tard, reître, j'aurais bivaqué sous les nuits d'Allemagne.

Ah! encore: je danse le sabbat dans une rouge clairière, avec des vieilles et des enfants.

Je ne me souviens pas plus loin que cette terre-ci et le christianisme. Je n'en finirais pas de me revoir dans ce passé. Mais toujours seul; sans famille; même, quelle langue parlais-je? Je ne me vois jamais dans les conseils du Christ; ni dans les conseils des Seigneurs, — représentants du Christ.

Qu'étais-je au siècle dernier: je ne me retrouve qu'aujourd'hui. Plus de vagabonds, plus de guerres vagues. La race inférieure a tout couvert — le peuple, comme on dit, la raison; la nation et la science.

Oh! la science! On a tout repris. Pour le corps et pour l'âme, — le viatique, — on a la médecine et la philosophie, — les remèdes de bonnes femmes et les chansons populaires arrangés. Et les divertissements des princes et les jeux qu'ils interdisaient! Géographie, cosmographie, mécanique, chimie!...

La science, la nouvelle noblesse! Le progrès. Le monde marche! Pourquoi ne tournerait-il pas?

C'est la vision des nombres. Nous allons à l'*Esprit*. C'est très certain, c'est oracle, ce que je dis. Je comprends, et ne sachant m'expliquer sans paroles païennes, je voudrais me taire.

* * *

Le sang païen revient! L'Esprit est proche, pourquoi Christ ne m'aide-t-il pas, en donnant à mon âme noblesse et liberté. Hélas! l'Évangile a passé! l'Évangile! l'Évangile.

J'attends Dieu avec gourmandise. Je suis de race inférieure de toute éternité.

estradas das planícies suábias, vistas de Bizâncio, muralhas de Jerusalém; o culto de Maria, o enternecimento a propósito do crucificado manifestam-se em mim em meio a mil fantasias profanas. — Estou sentado, leproso, sobre potes quebrados e urtigas, ao pé de um muro carcomido pelo sol. — Mais tarde, mercenário, eu teria acampado sob as noites da Alemanha.

Ah! ainda: danço o sabá numa clareira vermelha, com velhas e crianças.

Não tenho lembrança mais remota do que a desta terra e do cristianismo. Eu não acabaria de me rever nesse passado. Mas sempre sozinho; sem família; aliás, que língua eu falava? Nunca me vejo nos conselhos do Cristo; nem nos conselhos dos Senhores — representantes do Cristo.

Que era eu no século passado: só me encontro hoje. Sem andarilhos, sem guerras vagas. A raça inferior cobriu tudo — o povo, como se diz, a razão; a nação e a ciência.

Oh! a ciência! Retomou-se tudo. Para o corpo e para a alma, — o viático, — temos a medicina e a filosofia, — os remédios caseiros e as canções populares arranjadas. E as diversões dos príncipes e os jogos que eles proibiam! Geografia, cosmografia, mecânica, química!...

A ciência, a nova nobreza! O progresso. O mundo caminha! Por que não giraria?

É a visão dos números. Vamos em direção ao *Espírito*. Isto é totalmente certo, é oracular, isto que digo. Compreendo, e como não sei explicar-me sem palavras pagãs, gostaria de me calar.

***

O sangue pagão retorna! O Espírito está próximo, por que Cristo não me ajuda, dando a minha alma nobreza e liberdade. Que pena! o Evangelho já passou! o Evangelho! o Evangelho.

Espero Deus com voracidade. Sou de raça inferior desde toda a eternidade.

Me voici sur la plage armoricaine. Que les villes s'allument dans le soir. Ma journée est faite; je quitte l'Europe. L'air marin brûlera mes poumons; les climats perdus me tanneront. Nager, broyer l'herbe, chasser, fumer surtout; boire des liqueurs fortes comme du métal bouillant, — comme faisaient ces chers ancêtres autour des feux.

Je reviendrai, avec des membres de fer, la peau sombre, l'œil furieux: sur mon masque, on me jugera d'une race forte. J'aurai de l'or: je serai oisif et brutal. Les femmes soignent ces féroces infirmes retour des pays chauds. Je serai mêlé aux affaires politiques. Sauvé.

Maintenant je suis maudit, j'ai horreur de la patrie. Le meilleur, c'est un sommeil bien ivre, sur la grève.

**

On ne part pas. — Reprenons les chemins d'ici, chargé de mon vice, le vice qui a poussé ses racines de souffrance à mon côté, dès l'âge de raison — qui monte au ciel, me bat, me renverse, me traîne.

La dernière innocence et la dernière timidité. C'est dit. Ne pas porter au monde mes dégoûts et mes trahisons.

Allons! La marche, le fardeau, le désert, l'ennui et la colère.

À qui me louer? Quelle bête faut-il adorer? Quelle sainte image attaque-t-on? Quels cœurs briserai-je? Quel mensonge dois-je tenir? — Dans quel sang marcher?

Plutôt, se garder de la justice. — La vie dure, l'abrutissement simple, — soulever, le poing desséché, le couvercle du cercueil, s'asseoir, s'étouffer. Ainsi point de vieillesse, ni de dangers: la terreur n'est pas française.

— Ah! je suis tellement délaissé que j'offre à n'importe quelle divine image des élans vers la perfection.

Ô mon abnégation, ô ma charité merveilleuse! ici-bas, pourtant!

De profundis Domine, suis-je bête!

Aqui estou eu na praia armoricana. Que as cidades se iluminem na noite. Minha jornada está terminada; deixo a Europa. O ar marítimo queimará meus pulmões; as regiões perdidas vão curtir-me. Nadar, calcar o capim, caçar, fumar sobretudo; beber bebidas fortes como metal fervente, — tal como faziam esses caros ancestrais em torno das fogueiras.

Voltarei, com membros de ferro, a pele curtida, o olho furioso: pela minha máscara, vão pensar que sou de uma raça forte. Terei ouro: serei ocioso e brutal. As mulheres cuidam desses ferozes enfermos que voltam das terras quentes. Estarei envolvido com a política. Salvo.

Agora sou maldito, tenho horror à pátria. O melhor é um sono bem bêbado, na praia.

***

Não vamos embora. — Retomemos os caminhos daqui, carregado de meu vício, o vício que desenvolveu suas raízes de sofrimento a meu lado, desde a idade da razão — que sobe ao céu, me bate, me derruba, me arrasta.

A derradeira inocência e a derradeira timidez. Está dito. Não expor ao mundo meus desprazeres e minhas traições.

Vamos! A marcha, o fardo, o deserto, o tédio e a cólera.

Para quem me alugar? Que animal é preciso adorar? Que santa imagem atacar? Quais corações eu destruiria? Que mentira devo sustentar? — Em que sangue pisar?

Antes, precaver-se contra a justiça. — A vida dura, o embrutecimento simples, — erguer, com o punho mirrado, a tampa do caixão, sentar, sufocar-se. Assim, nada de velhice, nem de perigos: o terror não é francês.

— Ah! estou tão desamparado que ofereço a não importa qual divina imagem impulsos para a perfeição.

Ó minha abnegação, ó minha caridade maravilhosa! aqui embaixo, no entanto!

De profundis Domine, como sou idiota!

***

Encore tout enfant, j'admirais le forçat intraitable sur qui se referme toujours le bagne; je visitais les auberges et les garnis qu'il aurait sacrés par son séjour; je voyais *avec son idée* le ciel bleu et le travail fleuri de la campagne; je flairais sa fatalité dans les villes. Il avait plus de force qu'un saint, plus de bon sens qu'un voyageur — et lui, lui seul! pour témoin de sa gloire et de sa raison.

Sur les routes, par des nuits d'hiver, sans gîte, sans habits, sans pain, une voix étreignait mon cœur gelé: "Faiblesse ou force: te voilà, c'est la force. Tu ne sais ni où tu vas ni pourquoi tu vas, entre partout, réponds à tout. On ne te tuera pas plus que si tu étais cadavre." Au matin j'avais le regard si perdu et la contenance si morte, que ceux que j'ai rencontrés *ne m'ont peut-être pas vu.*

Dans les villes la boue m'apparaissait soudainement rouge et noire, comme une glace quand la lampe circule dans la chambre voisine, comme un trésor dans la forêt! Bonne chance, criais-je, et je voyais une mer de flammes et de fumée au ciel; et, à gauche, à droite, toutes les richesses flambant comme un milliard de tonnerres.

Mais l'orgie et la camaraderie des femmes m'étaient interdites. Pas même un compagnon. Je me voyais devant une foule exaspérée, en face du peloton d'exécution, pleurant du malheur qu'ils n'aient pu comprendre, et pardonnant! — Comme Jeanne d'Arc! — "Prêtres, professeurs, maîtres, vous vous trompez en me livrant à la justice. Je n'ai jamais été de ce peuple-ci; je n'ai jamais été chrétien; je suis de la race qui chantait dans le supplice; je ne comprends pas les lois; je n'ai pas le sens moral, je suis une brute: vous vous trompez..."

Oui, j'ai les yeux fermés à votre lumière. Je suis une bête, un nègre. Mais je puis être sauvé. Vous êtes de faux nègres, vous maniaques, féroces, avares. Marchand, tu es nègre; magistrat, tu es nègre; général, tu es nègre; empereur, vieille démangeaison, tu es nègre: tu as bu d'une liqueur non taxée,

***

Ainda bem criança, eu admirava o forçado intratável atrás de quem sempre se fecha a porta da prisão; visitava as hospedarias e os quartos de aluguel que ele teria consagrado com sua estada; via *com sua ideia* o céu azul e o trabalho florido do campo; farejava sua fatalidade nas cidades. Ele tinha mais força que um santo, mais bom senso que um viajante — e ele, ele sozinho! como testemunha de sua glória e de sua razão.

Nas estradas, em noites de inverno, sem abrigo, sem roupas, sem pão, uma voz apertava meu coração gelado: "Fraqueza ou força: aí está você, é a força. Você não sabe nem aonde vai nem por que vai, entra por toda parte, responde a tudo. Não o matarão, como não matariam um cadáver". Pela manhã eu tinha o olhar tão perdido e o jeito tão morto, que aqueles que encontrei *talvez não me tenham visto*.

Nas cidades a lama surgia-me subitamente vermelha e negra, como um espelho quando a lâmpada balança no quarto vizinho, como um tesouro na floresta! Boa sorte, eu gritava, e via um mar de chamas e de fumaça no céu; e, à esquerda, à direita, todas as riquezas ardendo como um bilhão de raios.

Mas a orgia e a camaradagem das mulheres eram-me proibidas. Nem mesmo um companheiro. Eu me via diante de uma multidão exasperada, diante do pelotão de execução, chorando pela infelicidade que não puderam compreender, e perdoando! — Como Joana d'Arc! — "Padres, professores, patrões, vocês se enganam ao me entregar à justiça. Nunca fiz parte dessa gente; nunca fui cristão; sou da raça que cantava no suplício; não compreendo as leis; não tenho o senso moral, sou um bruto; vocês se enganam..."

Sim, tenho os olhos fechados para a luz de vocês. Sou um animal, um negro. Mas posso ser salvo. Vocês são falsos negros, vocês maníacos, ferozes, avaros. Comerciante, você é negro; magistrado, você é negro; general, você é negro; imperador, velha comichão, você é negro; bebeu uma bebida sem impostos,

de la fabrique de Satan. Ce peuple est inspiré par la fièvre et le cancer. Infirmes et vieillards sont tellement respectables qu'ils demandent à être bouillis. — Le plus malin est de quitter ce continent, où la folie rôde pour pourvoir d'otages ces misérables. J'entre au vrai royaume des enfants de Cham.

Connais-je encore la nature? me connais-je? —*Plus de mots.* J'ensevelis les morts dans mon ventre. Cris, tambour, danse, danse, danse, danse! Je ne vois même pas l'heure où, les blancs débarquant, je tomberai au néant.

Faim, soif, cris, danse, danse, danse, danse!

***

Les blancs débarquent. Le canon! Il faut se soumettre au baptême, s'habiller, travailler.

J'ai reçu au cœur le coup de la grâce. Ah! je ne l'avais pas prévu!

Je n'ai point fait le mal. Les jours vont m'être légers, le repentir me sera épargné. Je n'aurai pas eu les tourments de l'âme presque morte au bien, où remonte la lumière sévère comme les cierges funéraires. Le sort du fils de famille, cercueil prématuré couvert de limpides larmes. Sans doute la débauche est bête, le vice est bête; il faut jeter la pourriture à l'écart. Mais l'horloge ne sera pas arrivée à ne plus sonner que l'heure de la pure douleur! Vais-je être enlevé comme un enfant, pour jouer au paradis dans l'oubli de tout le malheur!

Vite! est-il d'autres vies? — Le sommeil dans la richesse est impossible. La richesse a toujours été bien public. L'amour divin seul octroie les clefs de la science. Je vois que la nature n'est qu'un spectacle de bonté. Adieu chimères, idéals, erreurs.

Le chant raisonnable des anges s'élève du navire sauveur: c'est l'amour divin. — Deux amours! je puis mourir de l'amour terrestre, mourir de dévouement. J'ai laissé des âmes dont la peine s'accroîtra de mon départ! Vous me choisissez parmi les naufragés; ceux qui restent sont-ils pas mes amis?

Sauvez-les!

da fábrica de Satã. — Essa gente é inspirada pela febre e pelo câncer. Doentes e velhos são tão respeitáveis que pedem para ser fervidos. — O mais sagaz é deixar esse continente, onde a loucura perambula para dotar de reféns esses miseráveis. Entro no verdadeiro reino dos filhos de Cam. Ainda conheço a natureza? conheço-me? — *Nada mais de palavras*. Amortalho os mortos em meu ventre. Gritos, tambor, dança, dança, dança, dança! Sequer vejo a hora em que, com o desembarque dos brancos, cairei no nada. Fome, sede, gritos, dança, dança, dança, dança!

***

Os brancos desembarcam. O canhão! É preciso submeter-se ao batismo, vestir-se, trabalhar. Recebi no coração o golpe da graça. Ah! eu não o previra! Não fiz o mal de modo algum. Os dias vão ser leves para mim, serei poupado do arrependimento. Não terei tido os tormentos da alma quase morta para o bem, em que se alteia a luz severa como os círios funerários. O destino do primogênito, caixão prematuro coberto por límpidas lágrimas. Sem dúvida a devassidão é estúpida, o vício é estúpido; é preciso pôr de lado a podridão. Mas o relógio não terá chegado a só tocar a hora da pura dor! Será que serei levado embora, como uma criança, para brincar no paraíso, no esquecimento de toda a infelicidade! Rápido! há outras vidas? — O sono é impossível na riqueza. A riqueza tem sido sempre bem público. Só o amor divino outorga as chaves da ciência. Vejo que a natureza é só um espetáculo de bondade. Adeus, quimeras, ideais, erros. O canto racional dos anjos ergue-se do navio de socorro: é o amor divino. — Dois amores! posso morrer do amor terrestre, morrer de devotamento. Deixei almas cuja pena crescerá com minha partida! Vocês me escolhem entre os náufragos; os que ficam não são meus amigos? Salvem-nos!

La raison m'est née. Le monde est bon. Je bénirai la vie. J'aimerai mes frères. Ce ne sont plus des promesses d'enfance. Ni l'espoir d'échapper à la vieillesse et à la mort. Dieu fait ma force, et je loue Dieu.

**

L'ennui n'est plus mon amour. Les rages, les débauches, la folie, dont je sais tous les élans et les désastres, — tout mon fardeau est déposé. Apprécions sans vertige l'étendue de mon innocence.

Je ne serais plus capable de demander le réconfort d'une bastonnade. Je ne me crois pas embarqué pour une noce avec Jésus-Christ pour beau-père.

Je ne suis pas prisonnier de ma raison. J'ai dit: Dieu. Je veux la liberté dans le salut: comment la poursuivre? Les goûts frivoles m'ont quitté. Plus besoin de dévouement ni d'amour divin. Je ne regrette pas le siècle des cœurs sensibles. Chacun a sa raison, mépris et charité: je retiens ma place au sommet de cette angélique échelle de bon sens.

Quant au bonheur établi, domestique ou non... non, je ne peux pas. Je suis trop dissipé, trop faible. La vie fleurit par le travail, vieille vérité: moi, ma vie n'est pas assez pesante, elle s'envole et flotte loin au-dessus de l'action, ce cher point du monde.

Comme je deviens vieille fille, à manquer du courage d'aimer la mort!

Si Dieu m'accordait le calme céleste, aérien, la prière, — comme les anciens saints. — Les saints! des forts! les anachorètes, des artistes comme il n'en faut plus!

Farce continuelle! Mon innocence me ferait pleurer. La vie est la farce à mener par tous.

**

Nasceu-me a razão. O mundo é bom. Abençoarei a vida. Amarei meus irmãos. Não são mais promessas de infância. Nem a esperança de escapar à velhice e à morte. Deus é minha força, e eu louvo Deus.

***

O tédio não é mais meu amor. Fúrias, desregramentos, loucura, cujos impulsos e desastres conheço todos, — todo o meu fardo está descarregado. Apreciemos sem vertigem a extensão de minha inocência.

Não serei mais capaz de pedir o reconforto de uma bordoada. Não acho que eu esteja em vias de um casamento tendo Jesus Cristo como sogro.

Não sou prisioneiro de minha razão. Eu disse: Deus. Quero a liberdade na salvação: como a perseguir? Os gostos frívolos me deixaram. Não há mais necessidade de devotamento nem de amor divino. Não deploro o século dos corações sensíveis. Cada um tem sua razão, desprezo e caridade: guardo meu lugar no cume dessa angélica escada de bom senso.

Quanto à felicidade estabelecida, doméstica ou não... não, não posso. Sou muito dissipado, muito fraco. A vida floresce pelo trabalho, velha verdade: de minha parte, minha vida não é suficientemente pesada, ela revoa e flutua longe, acima da ação, esse caro ponto de apoio do mundo.

Como me vou tornando uma solteirona, com falta de coragem para amar a morte!

Se Deus me concedesse a calma celeste, aérea, a prece, — como os antigos santos. — Os santos! uns fortes! os anacoretas, artistas como já não é preciso!

Farsa contínua! Minha inocência me faria chorar. A vida é a farsa que todos devem representar.

***

Assez! Voici la punition. — *En marche!*

Ah! les poumons brûlent, les tempes grondent! la nuit roule dans mes yeux, par ce soleil! le cœur... les membres...

Où va-t-on? au combat? Je suis faible! les autres avancent. Les outils, les armes... le temps!...

Feu! feu sur moi! Là! ou je me rends. — Lâches! — Je me tue! Je me jette aux pieds des chevaux!

Ah!...

— Je m'y habituerai.

Ce serait la vie française, le sentier de l'honneur!

Chega! Eis a punição. — *Em marcha!*
Ah! os pulmões ardem, as têmporas retumbam! a noite rola
em meus olhos, com esse sol! o coração... os membros...
Para onde estamos indo? para o combate? Estou fraco! os outros avançam. Os aparatos, as armas... o tempo!...
Fogo! atirem sobre mim! Aqui! ou me rendo. — Covardes!
— Eu me mato! Eu me jogo aos cascos dos cavalos!
Ah!...
— Vou habituar-me a isso.
Seria a vida francesa, o caminho da honra!

Nuit de l'enfer

J'ai avalé une fameuse gorgée de poison. — Trois fois béni soit le conseil qui m'est arrivé! — Les entrailles me brûlent. La violence du venin tord mes membres, me rend difforme, me terrasse. Je meurs de soif, j'étouffe, je ne puis crier. C'est l'enfer, l'éternelle peine! Voyez comme le feu se relève! Je brûle comme il faut. Va, démon!

J'avais entrevu la conversion au bien et au bonheur, le salut. Puis-je décrire la vision, l'air de l'enfer ne souffre pas les hymnes! C'était des millions de créatures charmantes, un suave concert spirituel, la force et la paix, les nobles ambitions, que sais-je?

Les nobles ambitions!

Et c'est encore la vie! — Si la damnation est éternelle! Un homme qui veut se mutiler est bien damné, n'est-ce pas? Je me crois en enfer, donc j'y suis. C'est l'exécution du catéchisme. Je suis esclave de mon baptême. Parents, vous avez fait mon malheur et vous avez fait le vôtre. Pauvre innocent! — L'enfer ne peut attaquer les païens. C'est la vie encore! Plus tard, les délices de la damnation seront plus profondes. Un crime, vite, que je tombe au néant, de par la loi humaine.

Tais-toi, mais tais-toi!... C'est la honte, le reproche, ici: Satan qui dit que le feu est ignoble, que ma colère est affreusement sotte. — Assez!... Des erreurs qu'on me souffle, magies, parfums faux, musiques puériles. — Et dire que je tiens la vérité, que je vois la justice: j'ai un jugement sain et arrêté, je suis prêt pour la perfection... Orgueil. — La peau de ma tête se dessèche. Pitié! Seigneur, j'ai peur. J'ai soif, si soif! Ah! l'enfance, l'herbe, la pluie, le lac sur les pierres, *le clair de lune quand le clocher sonnait douze...* le diable est au clocher, à cette heure. Marie! Sainte-Vierge!... — Horreur de ma bêtise.

Là-bas, ne sont-ce pas des âmes honnêtes, qui me veulent du bien... Venez... J'ai un oreiller sur la bouche, elles ne

Noite do inferno

Bebi um bom gole de veneno. — Três vezes abençoado seja o conselho que me chegou! — As entranhas ardem-me. A violência do veneno contorce meus membros, faz-me disforme, abate-me. Morro de sede, sufoco, não posso gritar. É o inferno, a pena eterna! Vejam como o fogo sobe! Ardo como tem de ser. Vá, demônio! Eu tinha entrevisto a conversão ao bem e à felicidade, a salvação. Posso descrever a visão, o ar do inferno não suporta os hinos! Eram milhões de criaturas encantadoras, um suave concerto espiritual, a força e a paz, as nobres ambições, que mais?

As nobres ambições!

E isso ainda é a vida! — Se a danação é eterna! Um homem que quer mutilar-se está condenado, não é? Considero-me no inferno, portanto estou nele. É a execução do catecismo. Sou escravo de meu batismo. Pais, vocês fizeram minha infelicidade e fizeram a de vocês. Pobre inocente! — O inferno não pode investir contra os pagãos. — É a vida ainda! Mais tarde, as delícias da danação serão mais profundas. Um crime, rápido, que eu caia no nada, pela lei humana.

Cale-se, cale-se!... É a vergonha, a reprovação, aqui: Satã que diz que o fogo é ignóbil, que minha cólera é terrivelmente tola. — Chega!... Erros que me são soprados, magias, perfumes falsos, músicas pueris. — E dizer que detenho a verdade, que vejo a justiça: tenho um julgamento são e firme, estou pronto para a perfeição... Orgulho. — A pele de minha cabeça está se ressecando. Piedade! Senhor, tenho medo. Tenho sede, tanta sede! Ah! a infância, a grama, a chuva, a lagoa sobre as pedras, *o luar quando o campanário tocava doze*... o diabo, nessa hora, está no campanário. Maria! Virgem Santa!... — Horror de minha tolice.

Ali, não são almas honradas, que me querem bem...? Venham... Tenho um travesseiro sobre a boca, elas não me ouvem,

m'entendent pas, ce sont des fantômes. Puis, jamais personne ne pense à autrui. Qu'on n'approche pas. Je sens le roussi, c'est certain.

Les hallucinations sont innombrables. C'est bien ce que j'ai toujours eu: plus de foi en l'histoire, l'oubli des principes. Je m'en tairai: poètes et visionnaires seraient jaloux. Je suis mille fois le plus riche, soyons avare comme la mer. Ah ça! l'horloge de la vie s'est arrêtée tout à l'heure. Je ne suis plus au monde. — La théologie est sérieuse, l'enfer est certainement *en bas* — et le ciel en haut. — Extase, cauchemar, sommeil dans un nid de flammes.

Que de malices dans l'attention dans la campagne... Satan, Ferdinand, court avec les graines sauvages... Jésus marche sur les ronces purpurines, sans les courber... Jésus marchait sur les eaux irritées. La lanterne nous le montra debout, blanc et des tresses brunes, au flanc d'une vague d'émeraude...

Je vais dévoiler tous les mystères: mystères religieux ou naturels, mort, naissance, avenir, passé, cosmogonie, néant. Je suis maître en fantasmagories.

Écoutez!....

J'ai tous les talents! — Il n'y a personne ici et il y a quelqu'un: je ne voudrais pas répandre mon trésor. — Veut-on des chants nègres, des danses de houris? Veut-on que je disparaisse, que je plonge à la recherche de l'*anneau*? Veut-on? Je ferai de l'or, des remèdes.

Fiez-vous donc à moi, la foi soulage, guide, guérit. Tous, venez, — même les petits enfants, — que je vous console, qu'on répande pour vous son cœur, — le cœur merveilleux! — Pauvres hommes, travailleurs! Je ne demande pas de prières; avec votre confiance seulement, je serai heureux.

— Et pensons à moi. Ceci me fait peu regretter le monde. J'ai de la chance de ne pas souffrir plus. Ma vie ne fut que folies douces, c'est regrettable.

Bah! faisons toutes les grimaces imaginables.

são fantasmas. Depois, nunca ninguém pensa no outro. Não se aproximem. Tenho cheiro de queimado, com certeza.

As alucinações são inumeráveis. É isso mesmo que sempre tive: nenhuma fé mais na história, o esquecimento dos princípios. Vou calar-me a esse respeito: poetas e visionários seriam invejosos. Sou mil vezes o mais rico, sejamos avaro como o mar.

Agora isto! O relógio da vida parou há pouco. Não estou mais no mundo. — A teologia é séria, o inferno está certamente *embaixo* — e o céu no alto. — Êxtase, pesadelo, sono em um ninho de chamas.

Quantas artimanhas da atenção no campo... Satã, Ferdinand, corre com as sementes selvagens... Jesus anda sobre os espinheiros purpúreos, sem os curvar... Jesus andava sobre as águas irritadas. A lanterna mostrou-o para nós de pé, branco e com tranças castanhas, ao lado de uma onda de esmeralda...

Vou desvelar todos os mistérios: mistérios religiosos ou naturais, morte, nascimento, futuro, passado, cosmogonia, nada. Sou mestre em fantasmagorias.

Escutem!...

Tenho todos os talentos! — Não há ninguém aqui e há alguém: eu não queria dispersar meu tesouro. Querem cantos negros, danças de huris? Querem que eu desapareça, que eu mergulhe em busca do *anel?* Querem? Farei ouro, remédios.

Fiem-se então em mim, a fé alivia, guia, cura. Todos, venham, — mesmo as crianças pequenas —, para que eu os console, para que se derrame para vocês o coração, — o coração maravilhoso! — Pobres homens, trabalhadores! Não peço orações; com a confiança de vocês apenas, serei feliz.

— E pensemos em mim. Isso me faz sentir pouca falta do mundo. Tenho sorte de não sofrer mais. Minha vida não foi mais que suaves loucuras, é lamentável.

Bah! façamos todas as caretas imagináveis.

Décidément, nous sommes hors du monde. Plus aucun sou. Mon tact a disparu. Ah! mon château, ma Saxe, mon bois de saules. Les soirs, les matins, les nuits, les jours... Suis-je las!

Je devrais avoir mon enfer pour la colère, mon enfer pour l'orgueil, — et l'enfer de la caresse; un concert d'enfers.

Je meurs de lassitude. C'est le tombeau, je m'en vais aux vers, horreur de l'horreur! Satan, farceur, tu veux me dissoudre, avec tes charmes. Je réclame. Je réclame! un coup de fourche, une goutte de feu.

Ah! remonter à la vie! Jeter les yeux sur nos difformités. Et ce poison, ce baiser mille fois maudit! Ma faiblesse, la cruauté du monde! Mon Dieu, pitié, cachez-moi, je me tiens trop mal!

— Je suis caché et je ne le suis pas.

C'est le feu qui se relève avec son damné.

Decididamente, estamos fora do mundo. Não há mais som. Meu tato desapareceu. Ah! meu castelo, minha Saxônia, meu bosque de salgueiros. As tardes, as manhãs, as noites, os dias... Estou cansado!

Eu deveria ter meu inferno para a cólera, meu inferno para o orgulho — e o inferno do afago; um concerto de infernos. Morro de cansaço. É o túmulo, vou-me embora para os vermes, horror do horror! Satã, farsante, você quer dissolver-me com seus encantos. Exijo. Exijo! um golpe com o tridente, uma gota de fogo. Ah! voltar à vida! Lançar os olhos sobre nossas deformidades. E esse veneno, esse beijo mil vezes maldito! Minha fraqueza, a crueldade do mundo! Meu Deus, piedade, esconda-me, não consigo controlar-me! — Estou e não estou escondido.

É o fogo que se reaviva com seu condenado.

Délires I

Vierge folle
L'époux infernal

Écoutons la confession d'un compagnon d'enfer:

"Ô divin Époux, mon Seigneur, ne refusez pas la confession de la plus triste de vos servantes. Je suis perdue. Je suis soûle. Je suis impure. Quelle vie!

"Pardon, divin Seigneur, pardon! Ah! pardon! Que de larmes! Et que de larmes encore plus tard, j'espère!

"Plus tard, je connaîtrai le divin Époux! Je suis née soumise à Lui. — L'autre peut me battre maintenant!

"À présent, je suis au fond du monde! Ô mes amies!... non, pas mes amies... Jamais délires ni tortures semblables... Est-ce bête!

"Ah! je souffre, je crie. Je souffre vraiment. Tout pourtant m'est permis, chargée du mépris des plus méprisables cœurs.

"Enfin, faisons cette confidence, quitte à la répéter vingt autres fois, — aussi morne, aussi insignifiante!

"Je suis esclave de l'Époux infernal, celui qui a perdu les vierges folles. C'est bien ce démon-là. Ce n'est pas un spectre, ce n'est pas un fantôme. Mais moi qui ai perdu la sagesse, qui suis damnée et morte au monde, — on ne me tuera pas! — Comment vous le décrire! Je ne sais même plus parler. Je suis en deuil, je pleure, j'ai peur. Un peu de fraîcheur, Seigneur, si vous voulez, si vous voulez bien!

"Je suis veuve...— J'étais veuve... — mais oui, j'ai été bien sérieuse jadis, et je ne suis pas née pour devenir squelette!...— Lui était presque un enfant... Ses délicatesses mystérieuses m'avaient séduite. J'ai oublié tout mon devoir humain pour le suivre. Quelle vie! La vraie vie est absente. Nous ne sommes pas au monde. Je vais où il va, il le faut. Et souvent il s'emporte

30

Delírios I

Virgem tola
O esposo infernal

Escutemos a confissão de um companheiro de inferno:

"Ó divino Esposo, meu Senhor, não recuseis a confissão da mais triste de vossas servas. Estou perdida. Estou bêbada. Sou impura. Que vida!

"Perdão, divino Senhor, perdão! Ah! perdão! Quantas lágrimas! E quantas lágrimas ainda mais tarde, espero!

"Mais tarde, conhecerei o divino Esposo! Nasci submetida a Ele. — O outro pode bater-me agora!

"No momento, estou no fundo do mundo! Ó minhas amigas!... não, nada de minhas amigas... Nunca delírios nem torturas semelhantes... Que estupidez!

"Ah! sofro, grito. Sofro de verdade. Tudo no entanto me é permitido, carregando o desprezo dos mais desprezíveis corações.

"Enfim, façamos esta confidência, mesmo que para a repetir vinte outras vezes, — tão sombria, tão insignificante!

"Sou escrava do Esposo infernal, aquele que perdeu as virgens tolas. É mesmo esse demônio aí. Não é um espectro, não é um fantasma. Mas eu que perdi a noção de tudo, estou condenada e morta para o mundo, — não me matarão! — Como o descrever para o senhor! Já não sei sequer falar. Estou de luto, choro, tenho medo. Um pouco de refrigério, Senhor, por favor, se puder!

"Sou viúva... — Eu era viúva... — mas sim, fui bem séria no passado, e não nasci para me tornar um esqueleto!... — Ele era quase uma criança... Suas delicadezas misteriosas haviam-me seduzido. Esqueci todo meu dever humano para o seguir. Que vida! A verdadeira vida está ausente. Não estamos no mundo. Vou onde ele vai, é preciso. E com frequência ele se volta contra

contre moi, *moi, la pauvre âme.* Le Démon! — C'est un Démon, vous savez, *ce n'est pas un homme.*

"Il dit: 'Je n'aime pas les femmes. L'amour est à réinventer, on le sait. Elles ne peuvent plus que vouloir une position assurée. La position gagnée, cœur et beauté sont mis de côté: il ne reste que froid dédain, l'aliment du mariage, aujourd'hui. Ou bien je vois des femmes, avec les signes du bonheur, dont, moi, j'aurai pu faire de bonnes camarades, dévorées tout d'abord par des brutes sensibles comme des bûchers...'

"Je l'écoute faisant de l'infamie une gloire, de la cruauté un charme. 'Je suis de race lointaine: mes pères étaient Scandinaves: ils se perçaient les côtes, buvaient leur sang. — Je me ferai des entailles partout le corps, je me tatouerai, je veux devenir hideux comme un Mongol: tu verras, je hurlerai dans les rues. Je veux devenir bien fou de rage. Ne me montre jamais de bijoux, je ramperais et me tordrais sur le tapis. Ma richesse, je la voudrais tachée de sang partout. Jamais je ne travaillerai...' Plusieurs nuits, son démon me saisissant, nous nous roulions, je luttais avec lui! — Les nuits, souvent, ivre, il se poste dans des rues ou dans des maisons, pour m'épouvanter mortellement. — 'On me coupera vraiment le cou; ce sera dégoûtant.' Oh! ces jours où il veut marcher avec l'air du crime!

"Parfois il parle, en une façon de patois attendri, de la mort qui fait repentir, des malheureux qui existent certainement, des travaux pénibles, des départs qui déchirent les cœurs. Dans les bouges où nous nous enivrions, il pleurait en considérant ceux qui nous entouraient, bétail de la misère. Il relevait les ivrognes dans les rues noires. Il avait la pitié d'une mère méchante pour les petits enfants. — Il s'en allait avec des gentillesses de petite fille au catéchisme. — Il feignait d'être éclairé sur tout, commerce, art, médecine. — Je le suivais, il le faut!

"Je voyais tout le décor dont, en esprit, il s'entourait; vêtements, draps, meubles: je lui prêtais des armes, une autre figure. Je voyais tout ce qui le touchait, comme il aurait voulu

mim, *eu, a pobre alma*. O Demônio! — É um Demônio, vocês sabem, *não é um homem*.

"Ele diz: 'Não gosto das mulheres. O amor precisa ser reinventado, como se sabe. Elas não podem querer mais do que uma posição segura. Conseguida a posição, são postos de lado coração e beleza: só resta frio desdém, o alimento do matrimônio, hoje. Ou então vejo mulheres, com os sinais da felicidade, das quais eu, eu poderia ter feito boas amigas, devoradas logo de saída por brutos sensíveis como fogueiras...'

"Escuto-o fazer da infâmia uma glória, da crueldade um fascínio. 'Sou de raça distante: meus pais eram escandinavos: perfuravam seus flancos, bebiam o próprio sangue. — Eu me farei por toda parte entalhes no corpo, me tatuarei, quero tornar-me horrendo como um mongol: você verá, urrarei nas ruas. Quero ficar louco de raiva. Não me mostre nunca joias, eu me arrastaria e me contorceria no tapete. Minha riqueza, eu a queria toda manchada de sangue. Nunca trabalharei...' Várias noites, com seu demônio me pegando, rolávamos, eu lutava com ele!

— Nas noites, com frequência, bêbado, ele se posta nas ruas ou nas casas, para me assustar mortalmente. — 'Vão cortar-me de verdade o pescoço; será repugnante.' Oh! esses dias em que ele quer andar com ar de criminoso!

"Às vezes ele fala, numa espécie de dialeto suavizado, da morte que faz com que nos arrependamos, dos desditosos que existem certamente, dos trabalhos penosos, das partidas que laceram os corações. Nas espeluncas onde nos embriagávamos, ele chorava a observar aqueles que nos cercavam, gado da miséria. Levantava os bêbados nas ruas escuras. Tinha a piedade de uma mãe má com as crianças pequenas. — Ele se ia com gentilezas de menina no catecismo. — Fingia ser esclarecido a propósito de tudo, comércio, arte, medicina. — Eu o seguia, é preciso!

"Eu via todo o cenário de que, em espírito, ele se cercava; vestimentas, tecidos, móveis: eu lhe emprestava armas, um outro aspecto. Eu via tudo aquilo que o tocava, como ele teria desejado

le créer pour lui. Quand il me semblait avoir l'esprit inerte, je le suivais, moi, dans des actions étranges et compliquées, loin, bonnes ou mauvaises: j'étais sûre de ne jamais entrer dans son monde. À côté de son cher corps endormi, que d'heures des nuits j'ai veillé, cherchant pourquoi il voulait tant s'évader de la réalité. Jamais homme n'eût pareil vœu. Je reconnaissais, — sans craindre pour lui, — qu'il pouvait être un sérieux danger dans la société. — Il a peut-être des secrets pour *changer la vie*? Non, il ne fait qu'en chercher, me répliquais-je. Enfin sa charité est ensorcelée, et j'en suis la prisonnière. Aucune autre âme n'aurait assez de force, — force de désespoir! — pour la supporter, — pour être protégée et aimée par lui. D'ailleurs, je ne me le figurais pas avec une autre âme: on voit son Ange, jamais l'Ange d'un autre, — je crois. J'étais dans son âme comme dans un palais qu'on a vidé pour ne pas voir une personne si peu noble que vous: voilà tout. Hélas! je dépendais bien de lui. Mais que voulait-il avec mon existence terne et lâche? Il ne me rendait pas meilleure, s'il ne me faisait pas mourir! Tristement dépitée, je lui dis quelquefois: 'Je te comprends' Il haussait les épaules.

"Ainsi, mon chagrin se renouvelant sans cesse, et me trouvant plus égarée à mes yeux, — comme à tous les yeux qui auraient voulu me fixer, si je n'eusse été condamnée pour jamais à l'oubli de tous! — j'avais de plus en plus faim de sa bonté. Avec ses baisers et ses étreintes amies, c'était bien un ciel, un sombre ciel, où j'entrais, et où j'aurais voulu être laissée, pauvre, sourde, muette, aveugle. Déjà j'en prenais l'habitude. Je nous voyais comme deux bons enfants, libres de se promener dans le Paradis de tristesse. Nous nous accordions. Bien émus, nous travaillions ensemble. Mais, après une pénétrante caresse, il disait: 'Comme ça te paraîtra drôle, quand je n'y serai plus, ce par quoi tu as passé. Quand tu n'auras plus mes bras sous ton cou, ni mon cœur pour t'y reposer, ni cette bouche sur tes yeux. Parce qu'il faudra que je m'en aille, très

criá-lo para si. Quando ele me parecia ter o espírito inerte, eu o seguia, eu, em ações estranhas e complicadas, longe, boas ou más; eu estava certa de jamais entrar em seu mundo. Ao lado de seu caro corpo adormecido, quantas horas pelas noites vigiei, buscando por que ele queria tanto evadir-se da realidade. Nunca um homem teve intenção semelhante. Eu reconhecia, — sem temer por ele, — que ele podia ser um sério perigo na sociedade. — Tem talvez segredos para *mudar a vida*? Não, ele só faz buscá-los, eu mesma me respondia. Enfim sua caridade é enfeitiçada, e sou sua prisioneira. Nenhuma outra alma teria suficiente força, — força de desespero! — para a suportar, — para ser protegida e amada por ele. De resto, eu não o imaginava para mim com outra alma: a gente vê seu próprio Anjo, nunca o Anjo do outro, — creio eu. Em sua alma eu estava como em um palácio que foi esvaziado para que não se visse uma pessoa tão pouco nobre quanto vós: isso é tudo. Que pena! eu dependia dele. Mas o que ele queria com minha existência baça e fraca? Ele não me fazia melhor, se não me fizesse morrer! Tristemente despeitada, eu lhe disse algumas vezes: 'Eu o compreendo' Ele dava de ombros.

"Assim, minha aflição, a se renovar sem interrupção, e me encontrando mais perdida a meus próprios olhos, — como a todos os olhos que tivessem desejado fixar-me, se eu não tivesse sido condenada para sempre ao esquecimento de todos! — eu tinha cada vez mais fome de sua bondade. Com seus beijos e abraços amigos, era de fato um céu, um céu sombrio em que eu entrava, e onde teria desejado ser deixada, pobre, surda, muda, cega. Eu já me habituava a isso. Eu nos via como duas boas crianças, livres para passear no Paraíso de tristeza. Nós combinávamos. Bem emocionados, trabalhávamos juntos. Mas, após uma penetrante carícia, ele dizia: 'Como isso vai parecer-lhe estranho, quando eu não existir mais, isso por que você passou. Quando você não tiver mais meus braços sob seu pescoço, nem meu coração para nele repousar, nem essa boca sobre seus olhos.

loin, un jour. Puis il faut que j'en aide d'autres: c'est mon devoir. Quoique ce ne soit guère ragoûtant..., chère âme...' Tout de suite je me pressentais, lui parti, en proie au vertige, précipitée dans l'ombre la plus affreuse: la mort. Je lui faisais promettre qu'il ne me lâcherait pas. Il l'a faite vingt fois, cette promesse d'amant. C'était aussi frivole que moi lui disant: 'Je te comprends.'

"Ah! je n'ai jamais été jalouse de lui. Il ne me quittera pas, je crois. Que devenir? Il n'a pas une connaissance; il ne travaillera jamais. Il veut vivre somnambule. Seules, sa bonté et sa charité lui donneraient-elles droit dans le monde réel? Par instants, j'oublie la pitié où je suis tombée: lui me rendra forte, nous voyagerons, nous chasserons dans les déserts, nous dormirons sur les pavés des villes inconnues, sans soins, sans peines. Ou je me réveillerai, et les lois et les mœurs auront changé, — grâce à son pouvoir magique, — le monde, en restant le même, me laissera à mes désirs, joies, nonchalances. Oh! la vie d'aventures qui existe dans les livres des enfants, pour me récompenser, j'ai tant souffert, me la donneras-tu? Il ne peut pas. J'ignore son idéal. Il m'a dit avoir des regrets, des espoirs: cela ne doit pas me regarder. Parle-t-il à Dieu? Peut-être devrais-je m'adresser à Dieu. Je suis au plus profond de l'abîme, et je ne sais plus prier.

"S'il m'expliquait ses tristesses, les comprendrais-je plus que ses railleries? Il m'attaque, il passe des heures à me faire honte de tout ce qui m'a pu toucher au monde, et s'indigne si je pleure.

"— Tu vois cet élégant jeune homme, entrant dans la belle et calme maison: il s'appelle Duval, Dufour, Armand, Maurice, que sais-je? Une femme s'est dévouée à aimer ce méchant idiot: elle est morte, c'est certes une sainte au ciel, à présent. Tu me feras mourir comme il a fait mourir cette femme. C'est notre sort, à nous, cœurs charitables..." Hélas! il avait des jours où tous les hommes agissant lui paraissaient les jouets de délires

Porque será preciso que eu me vá, para bem longe, um dia. Afinal é preciso que eu ajude outros: é meu dever. Ainda que isso não seja de modo algum tentador... cara alma...' Logo eu me pressentia, tendo ele partido, presa de vertigem, precipitada na sombra mais terrível: a morte. Eu fazia com que ele prometesse que não me deixaria. Ele a fez vinte vezes, essa promessa de apaixonado. Era tão frívolo quanto eu lhe dizendo: 'Eu o compreendo'. "Ah! nunca tive ciúme dele. Ele não me deixará, é o que acho. Que será dele? Não tem nenhum conhecimento; não trabalhará nunca. Quer viver sonâmbulo. Sua bondade e sua caridade, apenas, lhe dariam direito no mundo real? Por instantes, esqueço a situação de piedade em que caí: ele me tornará forte, viajaremos, caçaremos nos desertos, dormiremos nas calçadas das cidades desconhecidas, sem cuidados, sem sofrimentos. Ou acordarei, e as leis e os costumes terão mudado, — graças a seu poder mágico, — o mundo, permanecendo o mesmo, vai deixar-me a meus desejos, alegrias, indolências. Oh! a vida de aventuras que existe nos livros infantis, para me recompensar, sofri tanto, você a vai-me dar? Ele não pode. Ignoro seu ideal. Ele me disse ter pesares, esperanças: isso não deve dizer-me respeito. Ele fala com Deus? Talvez eu devesse dirigir-me a Deus. Estou no mais profundo do abismo, e não sei mais rezar.

"Se ele me explicasse suas tristezas, eu as compreenderia mais que seus escárnios? Ele me ataca, passa horas a fazer com que me envergonhe de tudo o que no mundo me pôde tocar, e se indigna quando choro.

"— Você vê esse elegante jovem que está entrando na bela e calma casa: chama-se Duval, Dufour, Armand, Maurice, o que seja. Uma mulher dedicou-se a amar esse maldoso idiota: está morta, agora é certamente uma santa no céu. Você me fará morrer como ele fez essa mulher morrer. É nosso destino, de nós, corações caridosos..." Que pena! havia dias em que todos os homens que agiam lhe pareciam brinquedos de delírios grotescos:

grotesques: il riait affreusement, longtemps. — Puis, il reprenait ses manières de jeune mère, de sœur aimée. S'il était moins sauvage, nous serions sauvés! Mais sa douceur aussi est mortelle. Je lui suis soumise. — Ah! je suis folle!

"Un jour peut-être il disparaîtra merveilleusement; mais il faut que je sache, s'il doit remonter à un ciel, que je voie un peu l'assomption de mon petit ami!"

Drôle de ménage!

ele ria horrivelmente, por muito tempo. — Depois, retomava suas maneiras de jovem mãe, de irmã amada. Se fosse menos selvagem, estaríamos salvos! Mas sua suavidade também é mortal. Eu lhe estou submetida. — Ah! sou tola!

"Um dia talvez ele desapareça maravilhosamente; mas é preciso que eu saiba, se ele deve voltar para um céu, que eu veja um pouco a assunção do meu querido!"

Estranho casal!

Délires II

Alchimie du verbe

À moi. L'histoire d'une de mes folies.

Depuis longtemps je me vantais de posséder tous les paysages possibles, et trouvais dérisoires les célébrités de la peinture et de la poésie moderne.

J'aimais les peintures idiotes, dessus de portes, décors, toiles de saltimbanques, enseignes, enluminures populaires; la littérature démodée, latin d'église, livres érotiques sans orthographe, romans de nos aïeules, contes de fées, petits livres de l'enfance, opéras vieux, refrains niais, rythmes naïfs.

Je rêvais croisades, voyages de découvertes dont on n'a pas de relations, républiques sans histoires, guerres de religion étouffées, révolutions de mœurs, déplacements de races et de continents: je croyais à tous les enchantements.

J'inventai la couleur des voyelles! — *A* noir, *E* blanc, *I* rouge, *O* bleu, *U* vert. — Je réglai la forme et le mouvement de chaque consonne, et, avec des rythmes instinctifs, je me flattai d'inventer un verbe poétique accessible, un jour ou l'autre, à tous les sens. Je réservais la traduction.

Ce fut d'abord une étude. J'écrivais des silences, des nuits, je notais l'inexprimable. Je fixais des vertiges.

Loin des oiseaux, des troupeaux, des villageoises,
Que buvais-je, à genoux dans cette bruyère
Entourée de tendres bois de noisetiers,
Dans un brouillard d'après-midi tiède et vert?

Que pouvais-je boire dans cette jeune Oise,
— Ormeaux sans voix, gazon sans fleurs, ciel couvert! —   ›

Delírios II

Alquimia do verbo

Agora é minha vez. A história de uma de minhas loucuras.

Há muito eu me vangloriava de possuir todas as paisagens possíveis, e achava risíveis as celebridades da pintura e da poesia moderna.

Gostava das pinturas idiotas, painéis acima das portas, cenários, telas de ambulantes, tabuletas, estampas populares; literatura fora de moda, latim de igreja, livros eróticos com erros de ortografia, romances de nossos antepassados, contos de fadas, pequenos livros infantis, velhas óperas, cantigas tolas, ritmos ingênuos.

Sonhava com cruzadas, viagens de descobertas de que não temos relatos, repúblicas sem histórias, guerras de religião sufocadas, revoluções de costumes, deslocamentos de raças e de continentes: acreditava em todos os encantamentos.

Inventei a cor das vogais! — *A* negro, *E* branco, *I* vermelho, *O* azul, *U* verde. — Determinei a forma e o movimento de cada consoante, e, com ritmos instintivos, gabei-me de inventar um verbo poético acessível, um dia ou outro, a todos os sentidos. Eu me reservava a tradução.

Primeiro, foi um estudo. Eu escrevia silêncios, noites, anotava o inexprimível. Fixava vertigens.

Longe de aves, rebanhos, alguma aldeã,
Que bebia eu, ajoelhado nesse urzal
Entre ternas aveleiras a se espalhar,
Numa bruma de tarde verde e estival?

Que podia eu beber nesse Oise em sua manhã
— Céu sepulcral, olmos sem voz, grama sem flor! —   ›

Boire à ces gourdes jaunes, loin de ma case
Chérie ? Quelque liqueur d'or qui fait suer.

Je faisais une louche enseigne d'auberge.
— Un orage vint chasser le ciel. Au soir
L'eau des bois se perdait sur les sables vierges,
Le vent de Dieu jetait des glaçons aux mares ;

Pleurant, je voyais de l'or — et ne pus boire. —

***

À quatre heures du matin, l'été,
Le sommeil d'amour dure encore.
Sous les bocages s'évapore
L'odeur du soir fêté.

Là-bas, dans leur vaste chantier
Au soleil des Hespérides,
Déjà s'agitent — en bras de chemise —
Les Charpentiers.

Dans leurs Déserts de mousse, tranquilles,
Ils préparent les lambris précieux
Où la ville
Peindra de faux cieux.

Ô, pour ces Ouvriers charmants
Sujets d'un roi de Babylone,
Vénus ! quitte un instant les Amants
Dont l'âme est en couronne.

Ô Reine des Bergers,
Porte aux travailleurs l'eau-de-vie,

Beber em cuias fulvas, longe de minha chã,
Cara choça? Bebida de ouro a causar suor.

Eu era como uma placa de albergue feia.
— Uma tempestade veio expulsar os céus.
À noite a água dos bosques sumia na areia
Virgem; no charco, gelos do vento de Deus;

Chorando, eu via ouro — e não pude beber. —

***

Verão, quatro da madrugada,
E o sono desse amor demora.
Sob o arvoredo evapora
    O odor da noite festejada.

Em seus vastos canteiros
De obras, ao sol das Hespérides,
Já se agitam — em mangas de camisa —
    Os Carpinteiros.

Em seus Desertos de grama, à vontade,
Preparam os forros preciosos
    Onde a cidade
    Pintará céus enganosos.

Ó, para esses Operários cativantes
Súditos de um rei babilônico,
Vênus! deixe um instante os Amantes
Cujo espírito é harmônico.

    Ó Rainha dos Pastores,
Aguardente aos trabalhadores propicia,   ›

Que leurs forces soient en paix
En attendant le bain dans la mer à midi.

La vieillerie poétique avait une bonne part dans mon alchimie du verbe.

Je m'habituai à l'hallucination simple: je voyais très franchement une mosquée à la place d'une usine, une école de tambours faite par des anges, des calèches sur les routes du ciel, un salon au fond d'un lac; les monstres, les mystères; un titre de vaudeville dressait des épouvantes devant moi.

Puis j'expliquai mes sophismes magiques avec l'hallucination des mots!

Je finis par trouver sacré le désordre de mon esprit. J'étais oisif, en proie à une lourde fièvre: j'enviais la félicité des bêtes, — les chenilles, qui représentent l'innocence des limbes, les taupes, le sommeil de la virginité!

Mon caractère s'aigrissait. Je disais adieu au monde dans d'espèces de romances:

CHANSON DE LA PLUS HAUTE TOUR

Qu'il vienne, qu'il vienne,
Le temps dont on s'éprenne.

J'ai tant fait patience
Qu'à jamais j'oublie.
Craintes et souffrances
Aux cieux sont parties.
Et la soif malsaine
Obscurcit mes veines.

Qu'il vienne, qu'il vienne,
Le temps dont on s'éprenne.

Que suas forças estejam em paz
Esperando o banho no mar ao meio-dia.

A velharia poética tinha boa participação em minha alquimia do verbo.

Habituei-me à alucinação simples: via muito claramente uma mesquita no lugar de uma fábrica, uma escola de tambores composta por anjos, caleças nas estradas do céu, uma sala no fundo de um lago; os monstros, os mistérios; um título de vaudeville punha terrores diante de mim.

Depois expliquei meus sofismas mágicos com a alucinação das palavras!

Acabei por considerar sagrada a desordem de meu espírito. Eu era ocioso, presa de uma pesada febre: invejava a felicidade dos animais, — as lagartas, que representam a inocência dos limbos, as toupeiras, o sono da virgindade!

Meu caráter se tornava ácido. Eu dizia adeus ao mundo com umas espécies de romanças:

CANÇÃO DA MAIS ALTA TORRE

Que venha o tempo, sem demora,
De que a gente se enamora.

Tive tanta paciência
Que tudo esqueço ao léu.
Agruras e imprudência
Partiram-se para o céu.
E a sede não arrefece,
Minhas veias obscurece.

Que venha o tempo, sem demora,
De que a gente se enamora.

Telle la prairie
À l'oubli livrée,
Grandie, et fleurie
D'encens et d'ivraies,
Au bourdon farouche
Des sales mouches.

Qu'il vienne, qu'il vienne,
Le temps dont on s'éprenne.

J'aimai le désert, les vergers brûlés, les boutiques fanées, les
boissons tiédies. Je me traînais dans les ruelles puantes et, les
yeux fermés, je m'offrais au soleil, dieu de feu.

"Général, s'il reste un vieux canon sur tes remparts en ruines,
bombarde-nous avec des blocs de terre sèche. Aux glaces des
magasins splendides! dans les salons! Fais manger sa poussière
à la ville. Oxyde les gargouilles. Emplis les boudoirs de poudre
de rubis brûlante..."

Oh! le moucheron enivré à la pissotière de l'auberge, amou-
reux de la bourrache, et que dissout un rayon!

FAIM

Si j'ai du goût, ce n'est guère
Que pour la terre et les pierres.
Je déjeune toujours d'air,
De roc, de charbons, de fer.

Mes faims, tournez. Paissez, faims,
Le pré des sons.
Attirez le gai venin
Des liserons.

Tal campina reduzida
A indolente esquecimento,
Aumentada, e florida
De joio e incenso lento,
Com os bordões furibundos
De muitos moscões imundos.

Que venha o tempo, sem demora,
De que a gente se enamora.

Eu gostava do deserto, dos pomares queimados, das lojas de-
caídas, das bebidas amornadas. Eu me arrastava pelas ruelas
fedidas e, de olhos fechados, me oferecia ao sol, deus de fogo.
"General, se nas muralhas em ruínas ainda sobra um velho
canhão, bombardeie-nos com blocos de terra seca. Nos espe-
lhos das lojas esplêndidas! nos salões! Faça com que a cidade
coma sua poeira. Oxide as gárgulas. Encha as alcovas com pó
quente de rubis..."
Oh! o mosquito bêbado no mictório da hospedaria, apaixo-
nado pela borragem, e que um raio dissolve!

FOME

Se tenho gosto, é somente
Pelas pedras e pela terra.
Para almoço, que me sustente,
Tenho ar, rochas, carvões e ferro.

Minhas fomes, voltem. E pastem
O pasto dos sons.
Das campânulas, sim, arrastem
Os venenos bons.

Mangez les cailloux qu'on brise,
Les vieilles pierres d'églises;
Les galets des vieux déluges.
Pains semés dans les vallées grises.

***

Le loup criait sous les feuilles
En crachant les belles plumes
De son repas de volailles:
Comme lui je me consume.

Les salades, les fruits
N'attendent que la cueillette;
Mais l'araignée de la haie
Ne mange que des violettes.

Que je dorme! que je bouille
Aux autels de Salomon.
Le bouillon court sur la rouille,
Et se mêle au Cédron.

Enfin, ô bonheur, ô raison, j'écartai du ciel l'azur, qui est du noir, et je vécus, étincelle d'or de la lumière *nature*. De joie, je prenais une expression bouffonne et égarée au posible:

Elle est retrouvée!
Quoi? l'éternité.
C'est la mer mêlée
    Au soleil.

Mon âme éternelle,
Observe ton vœu   ›

Devorem as pedras quebradas,
Pedras de igrejas alquebradas;
Os seixos dos antigos dilúvios,
Pães de várzeas acinzentadas.

***

O lobo gritava sob naves
De folhas, as penas cuspindo
Daquela sua refeição de aves:
Como ele vou-me consumindo.

Verduras e também frutas
Só esperam pelas colheitas;
Mas a aranha da sebe hirsuta
Esta, só come violetas.

Que eu durma! E me ferva o rescaldo
Nos altares de Salomão.
Sobre a ferrugem corre o caldo,
E se mistura ao Cedrão.

Enfim, ó felicidade, ó razão, afastei do céu o azul, que é escuro,
e vivi, faísca de ouro de uma luz *natural*. De alegria, eu assumia
uma expressão tão engraçada e perdida quanto possível:

Enfim pôde-se achar!
O quê? a eternidade.
Trata-se do sol ao mar
Misturado.

Minha alma imortal,
Deve seu voto observar   ›

Malgré la nuit seule
Et le jour en feu.

Donc tu te dégages
Des humains suffrages,
Des communs élans!
Tu voles selon...

— Jamais l'espérance.
    Pas d'*orietur*.
Science et patience,
Le supplice est sûr.

Plus de lendemain,
Braises de satin,
    Votre ardeur
    Est le devoir.

Elle est retrouvée
— Quoi? — l'Éternité.
C'est la mer mêlée
    Au soleil.

Je devins un opéra fabuleux: je vis que tous les êtres ont une
fatalité de bonheur: l'action n'est pas la vie, mais une façon de
gâcher quelque force, un énervement. La morale est la faiblesse
de la cervelle.

À chaque être, plusieurs *autres* vies me semblaient dues. Ce
monsieur ne sait ce qu'il fait: il est un ange. Cette famille est
une nichée de chiens. Devant plusieurs hommes, je causai tout
haut avec un moment d'une de leurs autres vies. — Ainsi, j'ai
aimé un porc.

Aucun des sophismes de la folie, — la folie qu'on enferme, —
n'a été oublié par moi: je pourrais les redire tous, je tiens le système.

Mesmo se noite total
E o dia em fogo a queimar.

Você se livra então
Da humana eleição,
Dos impulsos tão comuns!
E você voa segundo...

— Nunca mais a esperança.
Nem *orietur* decerto.
Ciência e perseverança,
Pois o suplício é certo.

No amanhã pôs-se um fim,
Sim, ó brasas de cetim,
   O seu ardor
   É o dever.

Enfim pôde-se achar!
— O quê? — a Eternidade.
Trata-se do sol ao mar
Misturado.

Tornei-me uma ópera fabulosa: vi que todos os seres têm uma fatalidade de felicidade: a ação não é a vida, mas um modo de estragar alguma força, de causar nervosismo. A moral é a fraqueza da cabeça. Para cada ser, várias *outras* vidas pareciam-me devidas. Esse senhor não sabe o que faz: é um anjo. Essa família é um punhado de cães. Diante de vários homens, falei bem alto com um momento de uma de suas outras vidas. — Assim, amei um porco.

Nenhum dos sofismas da loucura, — a loucura que é confinada, — foi esquecido por mim: eu os poderia repetir todos, detenho o sistema.

Ma santé fut menacée. La terreur venait. Je tombais dans des sommeils de plusieurs jours, et, levé, je continuais les rêves les plus tristes. J'étais mûr pour le trépas, et par une route de dangers ma faiblesse me menait aux confins du monde et de la Cimmérie, patrie de l'ombre et des tourbillons.

Je dus voyager, distraire les enchantements assemblés sur mon cerveau. Sur la mer, que j'aimais comme si elle eût dû me laver d'une souillure, je voyais se lever la croix consolatrice. J'avais été damné par l'arc-en-ciel. Le Bonheur était ma fatalité, mon remords, mon ver: ma vie serait toujours trop immense pour être dévouée à la force et à la beauté.

Le Bonheur! Sa dent, douce à la mort, m'avertissait au chant du coq, — *ad matutinum*, au *Christus venit*, — dans les plus sombres villes:

Ô saisons, ô châteaux!
Quelle âme est sans défauts?

J'ai fait la magique étude
Du bonheur, qu'aucun n'élude.

Salut à lui, chaque fois
Que chante le coq gaulois.

Ah! je n'aurai plus d'envie:
Il s'est chargé de ma vie.

Ce charme a pris âme et corps
Et dispersé les efforts.

Ô saisons, ô châteaux!

Minha saúde foi ameaçada. O terror vinha. Eu caía em sonos de vários dias, e, de pé, eu continuava os sonhos mais tristes. Estava maduro para a morte, e numa via de perigos minha fraqueza me levava aos confins do mundo e da Ciméria, pátria da sombra e dos turbilhões. Tive de viajar, distrair os encantamentos reunidos em meu cérebro. No mar, de que eu gostava como se ele devesse lavar-me de uma impureza, eu via erguer-se a cruz consoladora. Eu fora condenado pelo arco-íris. A Felicidade era minha fatalidade, meu remorso, meu verme: minha vida seria sempre imensa demais para ser dedicada à força e à beleza.

A Felicidade! Seu dente, extremamente suave, me avisava no canto do galo, — *ad matutinum*, no *Christus venit*, — nas mais sombrias cidades:

Ó castelos, ó estações!
Há alma sem imperfeições?

Mago estudo da ventura
Fiz — dela não se descura.

Salve! Ele, a cada vez
Que canta o galo gaulês.

Minha vontade está perdida:
Ele assumiu minha vida.

Esse encanto então ganhou
Corpo e alma, e esforços desviou.

Ó castelos, ó estações!

L'heure de sa fuite, hélas!
Sera l'heure du trépas.

Ô saisons, ô châteaux!

***

Cela s'est passé. Je sais aujourd'hui saluer la beauté.

A hora da fuga só vem
Quando a morte sobrevém.

Ó castelos, ó estações!

***

Isso passou. Hoje sei saudar a beleza.

L'impossible

Ah! cette vie de mon enfance, la grande route par tous les temps, sobre surnaturellement, plus désintéressé que le meilleur des mendiants, fier de n'avoir ni pays, ni amis, quelle sottise c'était. — Et je m'en aperçois seulement!

— J'ai eu raison de mépriser ces bonshommes qui ne perdraient pas l'occasion d'une caresse, parasites de la propreté et de la santé de nos femmes, aujourd'hui qu'elles sont si peu d'accord avec nous.

J'ai eu raison dans tous mes dédains: puisque je m'évade!

Je m'évade!

Je m'explique.

Hier encore, je soupirais: "Ciel! sommes-nous assez de damnés ici-bas! Moi j'ai tant de temps déjà dans leur troupe! Je les connais tous. Nous nous reconnaissons toujours; nous nous dégoûtons. La charité nous est inconnue. Mais nous sommes polis; nos relations avec le monde sont très convenables." Est-ce étonnant? Le monde! les marchands, les naïfs! — Nous ne sommes pas déshonorés. — Mais les élus, comment nous recevraient-ils? Or il y a des gens hargneux et joyeux, de faux élus, puisqu'il nous faut de l'audace ou de l'humilité pour les aborder. Ce sont les seuls élus. Ce ne sont pas des bénisseurs!

M'étant retrouvé deux sous de raison — ça passe vite! — je vois que mes malaises viennent de ne m'être pas figuré assez tôt que nous sommes à l'Occident. Les marais occidentaux! Non que je croie la lumière altérée, la forme exténuée, le mouvement égaré... Bon! voici que mon esprit veut absolument se charger de tous les développements cruels qu'a subis l'esprit depuis la fin de l'Orient... Il en veut, mon esprit!

... Mes deux sous de raison sont finis! — L'esprit est autorité, il veut que je sois en Occident. Il faudrait le faire taire pour conclure comme je voulais.

O impossível

Ah! essa vida de minha infância, a estrada mestra com qualquer tempo, sóbrio sobrenaturalmente, mais desinteressado que o melhor dos mendigos, orgulhoso por não ter nem país, nem amigos, como isso era uma besteira. — E só agora me dou conta!

— Tive razão de desprezar esses pobres homens que não perderiam a ocasião de uma carícia, parasitas da limpeza e da saúde de nossas mulheres, hoje quando elas estão tão pouco em concordância conosco.

Tive razão em todos os meus desprezos: já que me evado! Eu me evado!

Eu me explico.

Ontem ainda, eu suspirava: "Céus! somos suficientes os condenados aqui embaixo! Já estou há tanto tempo em seu grupo! Conheço-os todos. Sempre nos reconhecemos; temos aversão uns pelos outros. A caridade nos é desconhecida. Mas somos bem-educados; nossas relações com o mundo são muito adequadas". Isso é espantoso? O mundo! os comerciantes, os ingênuos! — Não somos pessoas sem honra. — Mas os eleitos, como nos receberiam? Ora, há pessoas intratáveis e alegres, falsos eleitos, já que precisamos de audácia ou humildade para as abordar. São os únicos eleitos. Não são pessoas que abençoam!

Como recuperei para mim dois tostões de razão — isso passa rápido! — vejo que meus incômodos surgem por eu não ter imaginado suficientemente cedo que estamos no Ocidente. Os pântanos ocidentais! Não que eu julgue a luz alterada, a forma extenuada, o movimento perdido... Bem! então meu espírito quer de fato se encarregar de todos os desenvolvimentos cruéis que o espírito sofreu desde o fim do Oriente... É o que meu espírito quer!

J'envoyais au diable les palmes des martyrs, les rayons de l'art, l'orgueil des inventeurs, l'ardeur des pillards; je retournais à l'Orient et à la sagesse première et éternelle. — Il paraît que c'est un rêve de paresse grossière!

Pourtant, je ne songeais guère au plaisir d'échapper aux souffrances modernes. Je n'avais pas en vue la sagesse bâtarde du Coran. — Mais n'y at-il pas un supplice réel en ce que, depuis cette déclaration de la science, le christianisme, l'homme *se joue*, se prouve les évidences, se gonfle du plaisir de répéter ces preuves, et ne vit que comme cela! Torture subtile, niaise; source de mes divagations spirituelles. La nature pourrait s'ennuyer, peut-être! M. Prudhomme est né avec le Christ.

N'est-ce pas parce que nous cultivons la brume! Nous mangeons la fièvre avec nos légumes aqueux. Et l'ivrognerie! et le tabac! et l'ignorance! et les dévouements! — Tout cela est-il assez loin de la pensée de la sagesse de l'Orient, la patrie primitive? Pourquoi un monde moderne, si de pareils poisons s'inventent!

Les gens d'Église diront: C'est compris. Mais vous voulez parler de l'Éden. Rien pour vous dans l'histoire des peuples orientaux. — C'est vrai; c'est à l'Éden que je songeais! Qu'est-ce que c'est pour mon rêve, cette pureté des races antiques!

Les philosophes: Le monde n'a pas d'âge. L'humanité se déplace, simplement. Vous êtes en Occident, mais libre d'habiter dans votre Orient, quelque ancien qu'il vous le faille, — et d'y habiter bien. Ne soyez pas un vaincu. Philosophes, vous êtes de votre Occident.

Mon esprit, prends garde. Pas de partis de salut violents. Exerce-toi! — Ah! la science ne va pas assez vite pour nous!

— Mais je m'aperçois que mon esprit dort.

S'il était bien éveillé toujours à partir de ce moment, nous serions bientôt à la vérité, qui peut-être nous entoure avec ses

... Meus dois tostões de razão acabaram! — O espírito é autoridade, quer que eu esteja no Ocidente. Seria preciso fazê-lo calar-se para concluir como eu queria.

Eu mandava ao diabo as palmas dos mártires, os fulgores da arte, o orgulho dos inventores, o ardor dos saqueadores; eu voltava ao Oriente e à sabedoria primeira e eterna. — Parece que isso é um sonho de grosseira preguiça!

No entanto, eu não pensava no prazer de escapar aos sofrimentos modernos. Não tinha em vista a sabedoria bastarda do Corão. — Mas não há um real suplício no fato de que, desde esta declaração da ciência, o cristianismo, o homem *se engana a si mesmo*, provando para si as evidências, enchendo-se do prazer de repetir essas provas e só vivendo como tal! Tortura sutil, tola; fonte de minhas divagações espirituais. A natureza poderia entediar-se, talvez! O senhor Prudhomme nasceu com o Cristo.

Não é porque cultivamos a bruma! Comemos a febre com nossos legumes aquosos. E a embriaguez! e o tabaco! e a ignorância! e os devotamentos! — Tudo isso está bastante longe do pensamento da sabedoria do Oriente, a pátria primitiva? Por que um mundo moderno, se se inventam esses tipos de veneno!

As pessoas da Igreja dirão: Compreende-se. Mas você quer falar do Éden. Nada há para você na história dos povos orientais. — É verdade; é no Éden que eu pensava! O que é para meu sonho essa pureza das raças antigas!

Os filósofos: O mundo não tem idade. A humanidade desloca-se, simplesmente. Você está no Ocidente, mas livre para morar em seu Oriente, tão antigo quanto você precise, — e aí morar bem. Não seja um vencido. Filósofos, vocês são de seu Ocidente.

Meu espírito, fique atento. Nada de meios de salvação violentos. Mexa-se! — Ah! a ciência não anda suficientemente rápido para nós!

— Mas me dou conta de que meu espírito dorme.

Se ele estivesse sempre bem desperto a partir deste momento, estaríamos em breve na verdade, que talvez nos circunde

anges pleurant!... — S'il avait été éveillé jusqu'à ce moment-ci, c'est que je n'aurais pas cédé aux instincts délétères, à une époque immémoriale!... — S'il avait toujours été bien éveillé, je voguerais en pleine sagesse!...

Ô pureté! pureté!

C'est cette minute d'éveil qui m'a donné la vision de la pureté! — Par l'esprit on va à Dieu!

Déchirante infortune!

com seus anjos em pranto!... — Se tivesse ficado acordado até o presente momento, isso significaria que eu não havia cedido aos instintos deletérios, numa época imemorial!... — Se tivesse estado sempre bem desperto, eu vogaria em plena sabedoria!... Ó pureza! pureza! Foi esse minuto acordado que me deu a visão da pureza! — Pelo espírito vai-se até Deus! Dilacerador infortúnio!

L'éclair

Le travail humain! c'est l'explosion qui éclaire mon abîme de temps en temps.

"Rien n'est vanité; à la science, et en avant!" crie l'Ecclésiaste moderne, c'est-à-dire *Tout le monde*. Et pourtant les cadavres des méchants et des fainéants tombent sur le cœur des autres… Ah! vite, vite un peu; là-bas, par-delà la nuit, ces récompenses futures, éternelles… les échappons-nous?…

— Qu'y puis-je? Je connais le travail; et la science est trop lente. Que la prière galope et que la lumière gronde… je le vois bien. C'est trop simple, et il fait trop chaud; on se passera de moi. J'ai mon devoir, j'en serai fier à la façon de plusieurs, en le mettant de côté.

Ma vie est usée. Allons! feignons, fainéantons, ô pitié! Et nous existerons en nous amusant, en rêvant amours monstres et univers fantastiques, en nous plaignant et en querellant les apparences du monde, saltimbanque, mendiant, artiste, bandit, — prêtre! Sur mon lit d'hôpital, l'odeur de l'encens m'est revenue si puissante; gardien des aromates sacrés, confesseur, martyr…

Je reconnais là ma sale éducation d'enfance. Puis quoi!… Aller mes vingt ans, si les autres vont vingt ans…

Non! non! à présent je me révolte contre la mort! Le travail paraît trop léger à mon orgueil: ma trahison au monde serait un supplice trop court. Au dernier moment, j'attaquerais à droite, à gauche…

Alors, — oh! — chère pauvre âme, l'éternité serait-elle pas perdue pour nous!

O relâmpago

O trabalho humano! é a explosão que ilumina meu abismo de tempos em tempos. "Nada é vaidade; em direção à ciência, e adiante!" clama o Eclesiastes moderno, isto é, *Todo mundo*. E no entanto os cadáveres dos maus e dos vagabundos caem sobre o coração dos outros... Ah! rápido, mais rápido um pouco; lá, para além da noite, essas recompensas futuras, eternas... escaparemos delas?...

— Que posso fazer quanto a isso? Conheço o trabalho; e a ciência é muito lenta. Que a oração galopa e que a luz estronda... vejo isso bem. É simples demais, e faz calor demais; não sentirão falta de mim. Tenho meu dever, ficarei orgulhoso dele tal como muitos, pondo-o de lado.

Minha vida está gasta. Em frente! finjamos, vagabundeemos, piedade! E existiremos divertindo-nos, sonhando amores monstros e universos fantásticos, queixando-nos e querelando com as aparências do mundo, saltimbanco, mendigo, artista, bandido, — padre! Em minha cama de hospital, o cheiro do incenso voltou-me tão poderoso; guardião dos arômatas sagrados, confessor, mártir...

Reconheço aí minha educação ruim na infância. Depois o quê!... Viver meus vinte anos, se os outros vivem seus vinte anos...

Não! não! no momento revolto-me contra a morte! O trabalho parece muito leve para meu orgulho; minha traição do mundo seria um suplício muito curto. No último instante, eu atacaria à direita, à esquerda...

Então, — oh! — pobre alma querida, a eternidade não estaria perdida para nós!

Matin

N'eus-je pas *une fois* une jeunesse aimable, héroïque, fabuleuse, à écrire sur des feuilles d'or, — trop de chance! Par quel crime, par quelle erreur, ai-je mérité ma faiblesse actuelle? Vous qui prétendez que des bêtes poussent des sanglots de chagrin, que des malades désespèrent, que des morts rêvent mal, tâchez de raconter ma chute et mon sommeil. Moi, je ne puis pas plus m'expliquer que le mendiant avec ses continuels *Pater* et *Ave Maria. Je ne sais plus parler*!

Pourtant, aujourd'hui, je crois avoir fini la relation de mon enfer. C'était bien l'enfer; l'ancien, celui dont le fils de l'homme ouvrit les portes.

Du même désert, à la même nuit, toujours mes yeux las se réveillent à l'étoile d'argent, toujours, sans que s'émeuvent les Rois de la vie, les trois mages, le cœur, l'âme, l'esprit. Quand irons-nous, par-delà les grèves et les monts, saluer la naissance du travail nouveau, la sagesse nouvelle, la fuite des tyrans et des démons, la fin de la superstition, adorer — les premiers! — Noël sur la terre!

Le chant des cieux, la marche des peuples! Esclaves, ne maudissons pas la vie.

Manhã

Tive *uma vez* uma juventude agradável, heroica, fabulosa, a ser escrita em folhas de ouro, — muita sorte! Por que crime, por que erro, mereci minha fraqueza atual? Você que acha que animais soltam suspiros de sofrimento, que doentes desesperam, que mortos têm sonhos ruins, tente relatar minha queda e meu sono. Quanto a mim, não posso explicar-me mais do que o faz o mendigo com seus continuados *Pater* e *Ave Maria*. *Não sei mais falar!*

No entanto, hoje, acredito ter acabado o relato de meu inferno. Era mesmo o inferno; o antigo, aquele cujas portas o filho do homem abriu.

Do mesmo deserto, na mesma noite, meus olhos cansados sempre despertam com a estrela de prata, sempre, sem que os Reis da vida se perturbem, os três magos, o coração, a alma, o espírito. Quando iremos, para além das praias e dos montes, saudar o nascimento do trabalho novo, a sabedoria nova, a fuga dos tiranos e dos demônios, o fim da superstição, adorar — os primeiros! — o Natal na terra!

O canto dos céus, a marcha dos povos! Escravos, não amaldiçoemos a vida.

Adieu

L'automne déjà! — Mais pourquoi regretter un éternel soleil, si nous sommes engagés à la découverte de la clarté divine, — loin des gens qui meurent sur les saisons.

L'automne. Notre barque élevée dans les brumes immobiles tourne vers le port de la misère, la cité énorme au ciel taché de feu et de boue. Ah! les haillons pourris, le pain trempé de pluie, l'ivresse, les mille amours qui m'ont crucifié! Elle ne finira donc point cette goule reine de millions d'âmes et de corps morts *et qui seront jugés*! Je me revois la peau rongée par la boue et la peste, des vers plein les cheveux et les aisselles et encore de plus gros vers dans le cœur, étendu parmi les inconnus sans âge, sans sentiment... J'aurais pu y mourir... L'affreuse évocation! J'exècre la misère.

Et je redoute l'hiver parce que c'est la saison du confort!

— Quelquefois je vois au ciel des plages sans fin couvertes de blanches nations en joie. Un grand vaisseau d'or, au-dessus de moi, agile ses pavillons multicolores sous les brises du matin. J'ai créé toutes les fêtes, tous les triomphes, tous les drames. J'ai essayé d'inventer de nouvelles fleurs, de nouveaux astres, de nouvelles chairs, de nouvelles langues. J'ai cru acquérir des pouvoirs surnaturels. Eh bien! je dois enterrer mon imagination et mes souvenirs! Une belle gloire d'artiste et de conteur emportée!

Moi! moi qui me suis dit mage ou ange, dispensé de toute morale, je suis rendu au sol, avec un devoir à chercher, et la réalité rugueuse à étreindre! Paysan!

Suis-je trompé? la charité serait-elle sœur de la mort, pour moi?

Enfin, je demanderai pardon pour m'être nourri de mensonge. Et allons.

Mais pas une main amie! et où puiser le secours?

***

Adeus

Outono, já! — Mas por que sentir falta de um eterno sol, se estamos empenhados na descoberta da claridade divina, — longe das pessoas que morrem ao longo das estações. O outono. Nossa barca alçada nas brumas imóveis volta-se para o porto da miséria, a cidade enorme com céu manchado de fogo e lama. Ah! os farrapos podres, o pão encharcado de chuva, a embriaguez, os mil amores que me crucificaram! Ela não acabará então, essa vampira rainha de milhões de almas e de corpos mortos *que serão julgados*! Revejo-me com a pele carcomida pela lama e pela peste, vermes aos montes nos cabelos e nos sovacos e ainda vermes maiores no coração, estendido entre os desconhecidos sem idade, sem sentimento... Eu poderia ter morrido ali... A evocação horrível! Execro a miséria.

E temo o inverno porque é a estação do conforto!

— Algumas vezes vejo no céu praias sem fim cobertas por brancas nações em alegria. Um grande navio de ouro, acima de mim, agita seus pavilhões multicores às brisas da manhã. Criei todas as festas, todos os triunfos, todos os dramas. Tentei inventar novas flores, novos astros, novas carnes, novas línguas. Julguei adquirir poderes sobrenaturais. Pois bem! devo enterrar minha imaginação e minhas lembranças! Foi-se embora uma bela glória de artista e narrador!

Eu! eu que me disse mago ou anjo, dispensado de toda moral, fui devolvido ao chão, para buscar um dever, e para abraçar a realidade rugosa! Camponês!

Estou enganado? para mim, a caridade seria irmã da morte?

Enfim, pedirei perdão por me ter alimentado de mentira. Em frente.

Mas nem uma só mão amiga! e onde buscar socorro?

***

Oui l'heure nouvelle est au moins très sévère.

Car je puis dire que la victoire m'est acquise: les grincements de dents, les sifflements de feu, les soupirs empestés se modèrent. Tous les souvenirs immondes s'effacent. Mes derniers regrets détalent, — des jalousies pour les mendiants, les brigands, les amis de la mort, les arriérés de toutes sortes. — Damnés, si je me vengeais!

Il faut être absolument moderne.

Point de cantiques: tenir le pas gagné. Dure nuit! le sang séché fume sur ma face, et je n'ai rien derrière moi, que cet horrible arbrisseau!... Le combat spirituel est aussi brutal que la bataille d'hommes; mais la vision de la justice est le plaisir de Dieu seul.

Cependant c'est la veille. Recevons tous les influx de vigueur et de tendresse réelle. Et à l'aurore, armés d'une ardente patience, nous entrerons aux splendides villes.

Que parlais-je de main amie! Un bel avantage, c'est que je puis rire des vieilles amours mensongères, et frapper de honte ces couples menteurs, — j'ai vu l'enfer des femmes là-bas; — et il me sera loisible de *posséder la vérité dans une âme et un corps*.

Avril-août, 1873.

Sim a hora nova é pelo menos muito severa.

Pois posso dizer que conquistei a vitória: os rangidos de dentes, os assobios do fogo, os suspiros empesteados moderam-se. Todas as lembranças imundas se apagam. Meus últimos pesarem fogem, — invejas dos mendigos, malfeitores, amigos da morte, atrasados de todos os tipos. — Condenados, se eu me vingasse! É preciso ser absolutamente moderno.

Nada de cânticos: preservar o avanço conquistado. Dura noite! o sangue seco fumega no meu rosto, e nada tenho atrás de mim, a não ser esse horrível arbusto... O combate espiritual é tão brutal quanto a batalha dos homens; mas a visão da justiça é o prazer só de Deus.

Todavia é a vigília. Recebamos todos os influxos de vigor e de real ternura. E na aurora, armados de ardente paciência, entraremos nas cidades esplêndidas.

Que falava eu de mão amiga! Uma bela vantagem é que posso rir dos velhos amores mentirosos, e cobrir de vergonha esses casais mentirosos, — vi o inferno das mulheres lá; — e me será possível *ter a verdade numa alma e num corpo*.

Abril-agosto, 1873.

Illuminations

Iluminações

Après le Déluge

Aussitôt que l'idée du Déluge se fut rassise,
Un lièvre s'arrêta dans les sainfoins et les clochettes
mouvantes et dit sa prière à l'arc-en-ciel à travers la toile de
l'araignée.

Oh! les pierres précieuses qui se cachaient, — les fleurs qui
regardaient déjà.

Dans la grande rue sale les étals se dressèrent, et l'on tira
les barques vers la mer étagée là-haut comme sur les gravures.

Le sang coula, chez Barbe-Bleue, — aux abattoirs, dans les
cirques, où le sceau de Dieu blêmit les fenêtres. Le sang et le
lait coulèrent.

Les castors bâtirent. Les "mazagrans" fumèrent dans les
estaminets.

Dans la grande maison de vitres encore ruisselante les en-
fants en deuil regardèrent les merveilleuses images.

Une porte claqua, et sur la place du hameau, l'enfant tourna
ses bras, compris des girouettes et des coqs des clochers de
partout, sous l'éclatante giboulée.

Madame *** établit un piano dans les Alpes. La messe et
les premières communions se célébrèrent aux cent mille au-
tels de la cathédrale.

Les caravanes partirent. Et le Splendide Hôtel fut bâti dans
le chaos de glaces et de nuit du pôle.

Depuis lors, la Lune entendit les chacals piaulant par les dé-
serts de thym, — et les églogues en sabots grognant dans le
verger. Puis, dans la futaie violette, bourgeonnante, Eucharis
me dit que c'était le printemps.

Sourds, étang, — Écume, roule sur le pont, et par-dessus
les bois; — draps noirs et orgues, — éclairs et tonnerre, —
montez et roulez; — Eaux et tristesses, montez et relevez les
Déluges.

Depois do Dilúvio

Logo que a ideia do Dilúvio se aplacou,
Uma lebre parou em meio ao sanfeno e às campânulas trêmulas e através da teia de aranha disse sua oração ao arco-íris.

Oh! as pedras preciosas que se escondiam, — as flores que já olhavam.

Na suja rua principal foram montadas bancas, e os barcos foram puxados para o mar escalonado no alto, como nas gravuras.

O sangue correu, onde Barba-Azul morava, — nos abatedouros, nos circos, onde o selo de Deus empalideceu as janelas. O sangue e o leite correram.

Os castores construíram. Os "mazagrans" fumegaram nos botecos.

Na grande casa envidraçada ainda a escorrer as crianças de luto olharam as maravilhosas imagens.

Uma porta bateu, e na praça do lugarejo, a criança girou os braços compreendida pelos cata-ventos e pelos galos dos campanários de toda parte, sob a estrepitosa chuvarada.

A senhora *** pôs um piano nos Alpes. A missa e as primeiras comunhões celebraram-se nos cem mil altares da catedral.

As caravanas partiram. E o Hotel Esplêndido foi construído no caos de gelos e da noite do polo.

Desde então, a Lua ouviu chacais gritando pelos desertos de tomilho, — e as églogas simplórias resmungando no pomar.

Depois, na mata violeta, cheia de brotos, Êucaris disse-me que era primavera.

Emerja, lago, — Espuma, role sobre a ponte e por cima dos bosques; — tecidos negros e órgãos, — relâmpagos e trovão, — subam e rolem; — Águas e tristezas, subam e reanimem os Dilúvios.

Car depuis qu'ils se sont dissipés, — oh les pierres précieuses s'enfouissant, et les fleurs ouvertes! — c'est un ennui! et la Reine, la Sorcière qui allume sa braise dans le pot de terre, ne voudra jamais nous raconter ce qu'elle sait, et que nous ignorons.

Pois desde que se dissiparam — oh as pedras preciosas se encravando, e as flores abertas! — é um tédio! e a Rainha, a Feiticeira que acende sua brasa no recipiente de barro, não quererá nunca contar-nos o que ela sabe, e que ignoramos.

Enfance

I

Cette idole, yeux noirs et crin jaune, sans parents ni cour, plus noble que la fable, mexicaine et flamande; son domaine, azur et verdure insolents, court sur des plages nommées, par des vagues sans vaisseaux, de noms férocement grecs, slaves, celtiques.

À la lisière de la forêt, — les fleurs de rêve tintent, éclatent, éclairent, — la fille à lèvre d'orange, les genoux croisés dans le clair déluge qui sourd des prés, nudité qu'ombrent, traversent et habillent les arcs-en-ciel, la flore, la mer.

Dames qui tournoient sur les terrasses voisines de la mer; enfantes et géantes, superbes noires dans la mousse vert-de--gris, bijoux debout sur le sol gras des bosquets et des jardinets dégelés, — jeunes mères et grandes sœurs aux regards pleins de pèlerinages, sultanes, princesses de démarche et de costume tyranniques petites étrangères et personnes doucement malheureuses.

Quel ennui, l'heure du "cher corps" et "cher cœur".

II

C'est elle, la petite morte, derrière les rosiers. — La jeune maman trépassée descend le perron. — La calèche du cousin crie sur le sable — Le petit frère — (il est aux Indes!) là, devant le couchant, sur le pré d'œillets. — Les vieux qu'on a enterrés tout droits dans le rempart aux giroflées.

L'essaim des feuilles d'or entoure la maison du général. Ils sont dans le midi. — On suit la route rouge pour arriver à l'auberge vide. Le château est à vendre; les persiennes sont détachées. — Le curé aura emporté la clef de l'église. — Autour du

Infância

I

Esse ídolo, ela, olhos negros e cabeleira amarela, sem pais nem corte, mais nobre que a fábula, mexicana e flamenga; seu domínio, azul e verde insolentes, corre em praias nomeadas, por ondas sem navios, com nomes ferozmente gregos, eslavos, célticos.

Na franja da floresta — as flores de sonho retinem, irrompem, iluminam, — a garota com lábios de laranja, os joelhos cruzados no claro dilúvio que emerge dos prados, nudez sombreada, atravessada e vestida pelos arco-íris, a flora, o mar.

Senhoras que rodopiam nos terraços vizinhos ao mar; umas meninas pequenas, umas grandalhonas, esplêndidas negras na grama verde-acinzentada, joias de pé no chão rico dos arvoredos e dos jardinzinhos degelados — jovens mães e irmãs mais velhas com olhares cheios de peregrinações, sultanas, princesas de porte e trajes tirânicos, meninas estrangeiras e pessoas delicadamente infelizes.

Que tédio, a hora do "caro corpo" e "caro coração".

II

É ela, a menina morta, por trás das roseiras. — A jovem mãe falecida desce as escadas da entrada. — A caleça do primo grita na areia — O irmãozinho — (está nas Índias!) ali, diante do poente, no prado de cravos. — Os velhos que foram enterrados de pé na muralha com goivos.

O enxame das folhas douradas cerca a casa do general. Estão no sul. — Segue-se a estrada vermelha para chegar à hospedaria vazia. O castelo está à venda; as persianas estão soltas. — O padre terá levado a chave da igreja. — Em torno do parque, as guaritas

parc, les loges des gardes sont inhabitées. Les palissades sont si hautes qu'on ne voit que les cimes bruissantes. D'ailleurs il n'y a rien à voir là-dedans. Les prés remontent aux hameaux sans coqs, sans enclumes. L'écluse est levée. Ô les calvaires et les moulins du désert, les îles et les meules. Des fleurs magiques bourdonnaient. Les talus *le* berçaient. Des bêtes d'une élégance fabuleuse circulaient. Les nuées s'amassaient sur la haute mer faite d'une éternité de chaudes larmes.

III

Au bois il y a un oiseau, son chant vous arrête et vous fait rougir.

Il y a une horloge qui ne sonne pas.

Il y a une fondrière avec un nid de bêtes blanches.

Il y a une cathédrale qui descend et un lac qui monte.

Il y a une petite voiture abandonnée dans le taillis, ou qui descend le sentier en courant, enrubannée.

Il y a une troupe de petits comédiens en costumes, aperçus sur la route à travers la lisière du bois.

Il y a enfin, quand l'on a faim et soif, quelqu'un qui vous chasse.

IV

Je suis le saint, en prière sur la terrasse, — comme les bêtes pacifiques paissent jusqu'à la mer de Palestine.

Je suis le savant au fauteuil sombre. Les branches et la pluie se jettent à la croisée de la bibliothèque.

Je suis le piéton de la grand-route par les bois nains; la rumeur des écluses couvre mes pas. Je vois longtemps la mélancolique lessive d'or du couchant.

Je serais bien l'enfant abandonné sur la jetée partie à la haute mer, le petit valet, suivant l'allée dont le front touche le ciel.

dos vigias estão vazias. As sebes são tão altas que só se veem os cimos sussurrantes. Aliás, nada há para ver ali dentro.

Os prados sobem em direção aos vilarejos sem galos, sem bigornas. A eclusa está aberta. Ó os calvários e os moinhos do deserto, as ilhas e os montes de feno.

Flores mágicas zuniam. Os taludes *o* embalavam. Animais de fabulosa elegância circulavam. As nuvens acumulavam-se no alto-mar feito de uma eternidade de lágrimas quentes.

III

No bosque há um pássaro, seu canto te detém e te faz enrubescer.

Há um relógio que não toca.

Há um alagado com um ninho de animais brancos.

Há uma catedral que desce e um lago que sobe.

Há um pequeno veículo abandonado na mata, ou que desce o caminho correndo, ataviado com fitas.

Há, com seus trajes, um grupo de pequenos atores, entrevistos na estrada através do limiar do bosque.

Há enfim, quando se tem fome e sede, alguém que te expulsa.

IV

Sou o santo, em oração no terraço, — como os animais pacíficos pastam até o mar da Palestina.

Sou o douto na poltrona escura. Os galhos e a chuva batem na vidraça da biblioteca.

Sou o caminhante da estrada mestra através dos bosques anões; o rumor das eclusas cobre meus passos. Vejo por muito tempo a melancólica lavagem dourada praticada pelo pôr do sol.

Eu seria de bom grado a criança abandonada no molhe voltado para o mar alto, o jovem trabalhador, seguindo a aleia cuja extremidade toca o céu.

Les sentiers sont âpres. Les monticules se couvrent de genêts. L'air est immobile. Que les oiseaux et les sources sont loin! Ce ne peut être que la fin du monde, en avançant.

V

Qu'on me loue enfin ce tombeau, blanchi à la chaux avec les lignes du ciment en relief, — très loin sous terre.

Je m'accoude à la table, la lampe éclaire très vivement ces journaux que je suis idiot de relire, ces livres sans intérêt.

À une distance énorme au-dessus de mon salon souterrain, les maisons s'implantent, les brumes s'assemblent. La boue est rouge ou noire. Ville monstrueuse, nuit sans fin!

Moins haut, sont des égouts. Aux côtés, rien que l'épaisseur du globe. Peut-être les gouffres d'azur, des puits de feu. C'est peut-être sur ces plans que se rencontrent lunes et comètes, mers et fables.

Aux heures d'amertume je m'imagine des boules de saphir, de métal. Je suis maître du silence. Pourquoi une apparence de soupirail blêmirait-elle au coin de la voûte?

Os caminhos são rudes. As pequenas elevações cobrem-se de giestas. O ar está imóvel. Como estão longe os pássaros e as fontes! Se se vai adiante, só pode haver o fim do mundo.

V

Que me aluguem enfim esse túmulo, embranquecido por cal com as linhas do cimento em relevo — muito longe debaixo de terra. Ponho os cotovelos sobre a mesa, a lâmpada ilumina bem esses jornais que sou idiota de reler, esses livros sem interesse. A uma distância enorme acima de minha sala subterrânea, as casas implantam-se, as brumas reúnem-se. A lama é vermelha ou negra. Cidade monstruosa, noite sem fim! Mais abaixo, estão os esgotos. Dos lados, nada além da espessura do globo. Talvez os abismos de azul, poços de fogo. Talvez seja nesses planos que se encontrem luas e cometas, mares e fábulas. Nas horas de amargor imagino bolas de safira, de metal. Sou senhor do silêncio. Por que uma possível claraboia empalideceria no canto da abóbada?

Conte

Un Prince était vexé de ne s'être employé jamais qu'à la perfection des générosités vulgaires. Il prévoyait d'étonnantes révolutions de l'amour, et soupçonnait ses femmes de pouvoir mieux que cette complaisance agrémentée de ciel et de luxe. Il voulait voir la vérité, l'heure du désir et de la satisfaction essentiels. Que ce fût ou non une aberration de piété, il voulut. Il possédait au moins un assez large pouvoir humain.

Toutes les femmes qui l'avaient connu furent assassinées. Quel saccage du jardin de la beauté! Sous le sabre, elles le bénirent. Il n'en commanda point de nouvelles. — Les femmes réapparurent.

Il tua tous ceux qui le suivaient, après la chasse ou les libations. — Tous le suivaient.

Il s'amusa à égorger les bêtes de luxe. Il fit flamber les palais. Il se ruait sur les gens et les taillait en pièces. — La foule, les toits d'or, les belles bêtes existaient encore.

Peut-on s'extasier dans la destruction, se rajeunir par la cruauté! Le peuple ne murmura pas. Personne n'offrit le concours de ses vues.

Un soir il galopait fièrement. Un Génie apparut, d'une beauté ineffable, inavouable même. De sa physionomie et de son maintien ressortait la promesse d'un amour multiple et complexe! d'un bonheur indicible, insupportable même! Le Prince et le Génie s'anéantirent probablement dans la santé essentielle. Comment n'auraient-ils pas pu en mourir? Ensemble donc ils moururent.

Mais ce Prince décéda, dans son palais, à un âge ordinaire. Le prince était le Génie. Le Génie était le Prince.

La musique savante manque à notre désir.

Conto

Um Príncipe estava chateado por ter sempre se dedicado apenas à perfeição das generosidades habituais. Previa espantosas revoluções do amor, e desconfiava que suas mulheres pudessem mais do que essa complacência adornada de céu e luxo. Queria ver a verdade, a hora do desejo e da satisfação essenciais. Que se tratasse ou não de uma aberração de piedade, ele o quis. Tinha pelo menos um poder humano suficientemente amplo. Todas as mulheres que o haviam conhecido foram assassinadas. Que devastação no jardim da beleza! Sob o sabre, elas o bendisseram. Ele não encomendou outras. — As mulheres reapareceram. Ele matou todos aqueles que o seguiam, após a caça ou as libações. — Todos o seguiam. Ele se distraiu degolando os animais de luxo. Mandou queimar os palácios. Precipitava-se sobre as pessoas e as talhava em pedaços. — A multidão, os telhados de ouro, os belos animais ainda existiam.

Será que é possível extasiar-se em meio à destruição, rejuvenescer pela crueldade! O povo não protestou. Ninguém ofereceu o apoio de suas opiniões.

Certa noite ele galopava altivamente. Apareceu um Gênio, de beleza inefável, inconfessável mesmo. De sua fisionomia e de seu porte emanava a promessa de um amor múltiplo e complexo! de uma felicidade indizível, insuportável mesmo! O Príncipe e o Gênio aniquilaram-se provavelmente na saúde essencial. Como não poderiam morrer disso? Juntos, então, morreram.

Mas esse Príncipe morreu, em seu palácio, numa idade normal. O príncipe era o Gênio. O Gênio era o Príncipe.

A música culta faz falta ao nosso desejo.

Parade

Des drôles très solides. Plusieurs ont exploité vos mondes. Sans besoins, et peu pressés de mettre en œuvre leurs brillantes facultés et leur expérience de vos consciences. Quels hommes mûrs! Des yeux hébétés à la façon de la nuit d'été, rouges et noirs, tricolores, d'acier piqué d'étoiles d'or; des faciès déformés, plombés, blêmis, incendiés; des enrouements folâtres! La démarche cruelle des oripeaux! — Il y a quelques jeunes, — comment regarderaient-ils Chérubin? — pourvus de voix effrayantes et de quelques ressources dangereuses. On les envoie prendre du dos en ville, affublés d'un *luxe* dégoûtant.

Ô le plus violent Paradis de la grimace enragée! Pas de comparaison avec vos Fakirs et les autres bouffonneries scéniques. Dans des costumes improvisés avec le goût du mauvais rêve ils jouent des complaintes, des tragédies de malandrins et de demi-dieux spirituels comme l'histoire ou les religions ne l'ont jamais été. Chinois, Hottentots, bohémiens, niais, hyènes, Molochs, vieilles démences, démons sinistres, ils mêlent les tours populaires, maternels, avec les poses et les tendresses bestiales. Ils interpréteraient des pièces nouvelles et des chansons "bonnes filles". Maîtres jongleurs, ils transforment le lieu et les personnes, et usent de la comédie magnétique. Les yeux flambent, le sang chante, les os s'élargissent, les larmes et des filets rouges ruissellent. Leur raillerie ou leur terreur dure une minute, ou des mois entiers.

J'ai seul la clef de cette parade sauvage.

Desfile

Malandros bem parrudos. Vários exploraram teus mundos. Sem necessidades, e pouco apressados para empregar suas brilhantes faculdades e sua experiência de tuas consciências. Que homens maduros! Olhos estupidificados à maneira da noite de verão, vermelhos e negros, tricolores, de aço cravejado com estrelas de ouro; fácies deformadas, plúmbeas, empalidecidas, incendiadas; rouquidões engraçadas! O cruel modo de andar dos ouropéis! — Há alguns jovens, — como encarariam Cherubino? — dotados de vozes assustadoras e de alguns recursos perigosos. Mandam-nos exibir-se na cidade, paramentados de um *luxo* desagradável.

Ó o mais violento Paraíso da careta enraivecida! Nenhuma comparação com teus Faquires e as outras palhaçadas cênicas. Em trajes improvisados com o sabor do pesadelo representam lamentos, tragédias de salteadores e de semideuses espirituosos como a história ou as religiões nunca o foram, chineses, hotentotes, ciganos, tolos, hienas, Molochs, velhas demências, demônios sinistros, misturam os fraseios populares, maternos, com poses e ternuras bestiais. Interpretariam peças novas e canções de "mocinhas". Bons malabaristas, transformam o lugar e as pessoas e usam da comédia magnética. Os olhos incendeiam-se, o sangue canta, os ossos se expandem, lágrimas e filetes vermelhos escorrem. Sua troça ou seu terror dura um minuto, ou meses inteiros.

Só eu tenho a chave desse desfile selvagem.

Antique

Gracieux fils de Pan! Autour de ton front couronné de fleurettes et de baies tes yeux, des boules précieuses, remuent. Tachées de lies brunes, tes joues se creusent. Tes crocs luisent. Ta poitrine ressemble à une cithare, des tintements circulent dans tes bras blonds. Ton cœur bat dans ce ventre où dort le double sexe. Promène-toi, la nuit, en mouvant doucement cette cuisse, cette seconde cuisse et cette jambe de gauche.

Antiguidade

Gracioso filho de Pã! Em torno de tua fronte coroada de florzinhas e bagas, teus olhos, esferas preciosas, mexem-se. Manchadas de borras marrons, tuas faces são cavas. Teus dentes brilham. Teu peito parece uma cítara, badaladas compassadas circulam em teus braços louros. Teu coração bate nesse ventre onde dorme o duplo sexo. Passeia, à noite, movendo suavemente essa coxa, essa segunda coxa e essa perna esquerda.

Being Beauteous

Devant une neige un Être de Beauté de haute taille. Des sifflements de mort et des cercles de musique sourde font monter, s'élargir et trembler comme un spectre ce corps adoré; des blessures écarlates et noires éclatent dans les chairs superbes. Les couleurs propres de la vie se foncent, dansent, et se dégagent autour de la Vision, sur le chantier. Et les frissons s'élèvent et grondent et la saveur forcenée de ces effets se chargeant avec les sifflements mortels et les rauques musiques que le monde, loin derrière nous, lance sur notre mère de beauté, — elle recule, elle se dresse. Oh! nos os sont revêtus d'un nouveau corps amoureux.

xxx

Ô la face cendrée, l'écusson de crin, les bras de cristal! le canon sur lequel je dois m'abattre à travers la mêlée des arbres et de l'air léger!

Being Beauteous

De alta estatura, um Ser de Beleza diante da neve. Assobios de morte e círculos de música surda fazem com que esse corpo adorado suba, amplie-se e trema como um espectro; feridas escarlates e negras explodem nas carnes esplêndidas. As cores próprias da vida escurecem, dançam, e se soltam em torno da Visão, em elaboração. E os frêmitos elevam-se e estrondam, e como o sabor exaltado desses efeitos se sobrecarrega com os assobios mortais e as roucas músicas que o mundo, bem longe atrás de nós, lança sobre nossa mãe de beleza, — ela recua, ergue-se. Oh! nossos ossos estão revestidos por um novo corpo apaixonado.

xxx

Ó a face cinérea, o brasão de crina, os braços de cristal! o canhão sobre o qual devo cair em meio ao corpo a corpo entre as árvores e a aragem!

Vies

I

Ô les énormes avenues du pays saint, les terrasses du temple! Qu'a-t-on fait du brahmane qui m'expliqua les Proverbes? D'alors, de là-bas, je vois encore même les vieilles! Je me souviens des heures d'argent et de soleil vers les fleuves, la main de la campagne sur mon épaule, et de nos caresses debout dans les plaines poivrées. — Un envol de pigeons écarlates tonne autour de ma pensée. — Exilé ici j'ai eu une scène où jouer les chefs-d'œuvre dramatiques de toutes les littératures. Je vous indiquerais les richesses inouïes. J'observe l'histoire des trésors que vous trouvâtes. Je vois la suite! Ma sagesse est aussi dédaignée que le chaos. Qu'est mon néant, auprès de la stupeur qui vous attend?

II

Je suis un inventeur bien autrement méritant que tous ceux qui m'ont précédé; un musicien même, qui ai trouvé quelque chose comme la clef de l'amour. À présent, gentilhomme d'une campagne aigre au ciel sobre, j'essaie de m'émouvoir au souvenir de l'enfance mendiante, de l'apprentissage ou de l'arrivée en sabots, des polémiques, des cinq ou six veuvages, et quelques noces où ma forte tête m'empêcha de monter au diapason des camarades. Je ne regrette pas ma vieille part de gaîté divine: l'air sobre de cette aigre campagne alimente fort activement mon atroce scepticisme. Mais comme ce scepticisme ne peut désormais être mis en œuvre, et que d'ailleurs je suis dévoué à un trouble nouveau, — j'attends de devenir un très méchant fou.

Vidas

I

Ó as enormes avenidas da região santa, os terraços do templo! Que foi feito do brâmane que me explicou os Provérbios? Dessa época, de lá, vejo ainda mesmo as velhas! Lembro-me das horas de prata e sol para os lados dos rios, a mão do campo em meu ombro, e de nossas carícias de pé nas planícies que rescendem a pimenta. — Um revoo de pombos escarlates ressoa em torno a meu pensamento. — Exilado aqui tive um palco onde interpretar as obras-primas dramáticas de todas as literaturas. Eu lhe indicaria as riquezas inauditas. Observo a história dos tesouros que você encontrou. Vejo o que vem a seguir! Minha sabedoria é tão desprezada quanto o caos. Que é meu nada ao lado do estupor que espera por você?

II

Sou um inventor bem mais meritório que todos aqueles que me precederam; um músico mesmo, que tivesse encontrado alguma coisa como a clave do amor. No momento, nobre de um campo rude com céu sóbrio, tento emocionar-me com a lembrança da infância indigente, da aprendizagem ou da chegada modesta, das polêmicas, dos cinco ou seis enviuvamentos, e algumas farras em que minha boa cabeça me impediu de subir ao diapasão dos companheiros. Não sinto falta de minha velha porção de alegria divina: o ar sóbrio desse campo rude alimenta muito ativamente meu ceticismo atroz. Mas como esse ceticismo não pode daqui em diante ser posto em prática, e como aliás estou dedicado a uma nova perturbação, — espero tornar-me um louco bem mau.

III

Dans un grenier où je fus enfermé à douze ans j'ai connu le monde, j'ai illustré la comédie humaine. Dans un cellier j'ai appris l'histoire. À quelque fête de nuit dans une cité du Nord, j'ai rencontré toutes les femmes des anciens peintres. Dans un vieux passage à Paris on m'a enseigné les sciences classiques. Dans une magnifique demeure cernée par l'Orient entier j'ai accompli mon immense œuvre et passé mon illustre retraite. J'ai brassé mon sang. Mon devoir m'est remis. Il ne faut même plus songer à cela. Je suis réellement d'outre-tombe, et pas de commissions.

III

Em um sótão onde me fecharam aos doze anos conheci o mundo, ilustrei a comédia humana. Em uma despensa aprendi história. Em alguma festa noturna numa cidade do Norte encontrei todas as mulheres dos pintores antigos. Numa velha passagem em Paris ensinaram-me as ciências clássicas. Numa magnífica residência circundada por todo o Oriente completei minha imensa obra e passei meu ilustre recolhimento. Revolvi meu sangue. Fui desobrigado de meu dever. Não se deve mais sequer pensar nisso. Sou realmente do além-túmulo, e nada de incumbências.

Départ

Assez vu. La vision s'est rencontrée à tous les airs.

Assez eu. Rumeurs des villes, le soir, et au soleil, et toujours.

Assez connu. Les arrêts de la vie. — Ô Rumeurs et Visions!

Départ dans l'affection et le bruit neufs!

Partida

Basta de ver. A visão reconheceu-se em todos os lugares.
Basta de ter. Rumores das cidades, à noite, e sob o sol, e sempre.
Basta de conhecer. As pausas da vida. — Ó Rumores e Visões!
Partida em meio à nova afeição e ao novo ruído!

Royauté

Un beau matin, chez un peuple fort doux, un homme et une femme superbes criaient sur la place publique. "Mes amis, je veux qu'elle soit reine!" "Je veux être reine!" Elle riait et tremblait. Il parlait aux amis de révélation, d'épreuve terminée. Ils se pâmaient l'un contre l'autre.

En effet ils furent rois toute une matinée où les tentures carminées se relevèrent sur les maisons, et toute l'après-midi, où ils s'avancèrent du côté des jardins de palmes.

Realeza

Numa bela manhã, em meio a um povo bem amável, um homem e uma mulher arrogantes gritavam em praça pública. "Meus amigos, quero que ela seja rainha!" "Quero ser rainha!" Ela ria e tremia. Ele falava aos amigos sobre revelação, sobre prova concluída. Extasiavam-se, um de encontro ao outro.

De fato, foram reis por toda uma manhã em que se abriram cortinas carminadas nas casas, e por toda a tarde, quando avançaram no rumo dos jardins de palmeiras.

À une Raison

Un coup de ton doigt sur le tambour décharge tous les sons et commence la nouvelle harmonie.

Un pas de toi, c'est la levée des nouveaux hommes et leur en-marche.

Ta tête se détourne: le nouvel amour! Ta tête se retourne, — le nouvel amour!

"Change nos lots, crible les fléaux, à commencer par le temps", te chantent ces enfants. "Élève n'importe où la substance de nos fortunes et de nos vœux" on t'en prie.

Arrivée de toujours, qui t'en iras partout.

A uma Razão

Uma batida de teu dedo no tambor descarrega todos os sons
e dá início à nova harmonia.

Um passo teu é o recrutamento de novos homens e a ordem
para se porem em marcha.

A cabeça vira-se: o novo amor! Tua cabeça se volta, — o
novo amor!

"Muda nossas sinas, alveja os flagelos, a começar pelo tempo",
cantam-te essas crianças. "Erige não importa onde a substância
de nossas fortunas e de nossos desejos", pedem-te.

Sempre tendo chegado, tu te irás por toda parte.

Matinée d'ivresse

Ô *mon* Bien! Ô *mon* Beau! Fanfare atroce où je ne trébuche point! Chevalet féerique! Hourra pour l'œuvre inouïe et pour le corps merveilleux, pour la première fois! Cela commença sous les rires des enfants, cela finira par eux. Ce poison va rester dans toutes nos veines même quand, la fanfare tournant, nous serons rendu à l'ancienne inharmonie. Ô maintenant, nous si digne de ces tortures! rassemblons fervemment cette promesse surhumaine faite à notre corps et à notre âme créés: cette promesse, cette démence! L'élégance, la science, la violence! On nous a promis d'enterrer dans l'ombre l'arbre du bien et du mal, de déporter les honnêtetés tyranniques, afin que nous amenions notre très pur amour. Cela commença par quelques dégoûts et cela finit, — ne pouvant nous saisir sur-le-champ de cette éternité, — cela finit par une débandade de parfums.

Rire des enfants, discrétion des esclaves, austérité des vierges, horreur des figures et des objets d'ici, sacrés soyez--vous par le souvenir de cette veille. Cela commençait par toute la rustrerie, voici que cela finit par des anges de flamme et de glace.

Petite veille d'ivresse, sainte! quand ce ne serait que pour le masque dont tu nous as gratifié. Nous t'affirmons, méthode! Nous n'oublions pas que tu as glorifié hier chacun de nos âges. Nous avons foi au poison. Nous savons donner notre vie tout entière tous les jours.

Voici le temps des *Assassins*.

Manhã de ebriez

Ó *meu* Bem! Ó *meu* Belo! Fanfarra atroz em que não tropeço! Cavalete encantado! Um urra para a obra inaudita e o corpo maravilhoso, pela primeira vez! Isso começou debaixo dos risos das crianças, e é com eles que vai terminar. Esse veneno vai ficar em todas as nossas veias mesmo quando, ao descambar a fanfarra, formos devolvidos à antiga desarmonia. Ó agora nós tão digno dessas torturas! reunamos ferventemente essa promessa sobre-humana feita a nosso corpo e a nossa alma criados: essa promessa, essa demência! A elegância, a ciência, a violência! Prometeram-nos enterrar na sombra a árvore do bem e do mal, deportar as honestidades tirânicas, a fim de que possamos ter nosso puríssimo amor. Isso começou por alguns desgostos e isso acabou, — não nos sendo possível agarrar de imediato essa eternidade, — isso acabou por uma dispersão de perfumes.

Riso das crianças, discrição dos escravos, austeridade das virgens, horror dos rostos e objetos daqui, sagrados sejam vocês pela lembrança dessa noite em branco. Isso começava com toda a rudez, mas terminou com anjos de chama e gelo.

Pequena vigília de ebriez, santa! quanto mais não fosse pela máscara com que nos gratificaste. Nós te afirmamos, método! Não esquecemos que ontem glorificaste cada uma de nossas idades. Temos fé no veneno. Sabemos dar nossa vida toda todos os dias.

Agora é o tempo dos *Assassinos*.

Phrases

Quand le monde sera réduit en un seul bois noir pour nos quatre yeux étonnés, — en une plage pour deux enfants fidèles, — en une maison musicale pour notre claire sympathie, — je vous trouverai.

Qu'il n'y ait ici-bas qu'un vieillard seul, calme et beau, entouré d'un "luxe inouï", — et je suis à vos genoux.

Que j'aie réalisé tous vos souvenirs, — que je sois celle qui sait vous garrotter, — je vous étoufferai.

—

Quand nous sommes très forts, — qui recule? très gais, — qui tombe de ridicule? Quand nous sommes très méchants, — que ferait-on de nous.

Parez-vous, dansez, riez, — Je ne pourrai jamais envoyer l'Amour par la fenêtre.

—

— Ma camarade, mendiante, enfant monstre! comme ça t'est égal, ces malheureuses et ces manœuvres, et mes embarras. Attache-toi à nous avec ta voix impossible, ta voix! unique flatteur de ce vil désespoir.

—

Une matinée couverte, en Juillet. Un goût de cendres vole dans l'air; — une odeur de bois suant dans l'âtre, — les fleurs rouies, — le saccage des promenades, — la bruine des canaux par les champs — pourquoi pas déjà les joujoux et l'encens?

XXX

J'ai tendu des cordes de clocher à clocher; des guirlandes de fenêtre à fenêtre; des chaînes d'or d'étoile à étoile, et je danse.

Frases

Quando o mundo for reduzido a um único bosque negro para nossos quatro olhos espantados — a uma praia para duas crianças fiéis, — a uma casa musical para nossa clara simpatia, — eu te encontrarei. Que só haja aqui embaixo um velho sozinho, calmo e belo, cercado por um "luxo inaudito", — e estou a teus pés. Que eu tenha realizado todas as tuas lembranças, — que eu seja aquela que te sabe imobilizar, — eu te sufocarei.

—

Quando somos muito fortes, — quem recua? muito alegres — quem cai no ridículo? Quando somos muito maus, que fariam de nós. Enfeitem-se, dancem, riam, — Nunca poderei jogar o Amor pela janela.

—

Minha amiga, mendiga, criança monstro! como isso te é indiferente, essas infelizes e essas maquinações, e meus embaraços. Liga-te a nós com tua voz impossível, tua voz! único mitigador desse vil desespero.

—

Uma manhã encoberta, em julho. Um gosto de cinzas voa no ar; — um cheiro de madeira ressumando na lareira, — as flores maceradas, — o estrago das calçadas — a chuva miúda dos canais nos campos — por que ainda não os brinquedos e o incenso?

XXX

Estendi cordas de campanário a campanário; guirlandas de janela a janela; correntes de ouro de estrela a estrela, e danço.

XXX

Le haut étang fume continuellement. Quelle sorcière va se dresser sur le couchant blanc? Quelles violettes frondaisons vont descendre?

XXX

Pendant que les fonds publics s'écoulent en fêtes de fraternité, il sonne une cloche de feu rose dans les nuages.

XXX

Avivant un agréable goût d'encre de Chine, une poudre noire pleut doucement sur ma veillée, — Je baisse les feux du lustre, je me jette sur le lit, et, tourné du côté de l'ombre, je vous vois, mes filles! mes reines!

XXX

XXX

O tanque alto fumega continuadamente. Que feiticeira vai erguer-se no poente branco? Quais folhagens violetas vão descer?

XXX

Enquanto os fundos públicos se esvaem em festas de fraternidade, um sino de fogo rosa toca nas nuvens.

XXX

Avivando um agradável gosto de nanquim um pó negro chove suavemente em minha vigília, — Diminuo as chamas do lustre, jogo-me na cama, e voltado para o lado da sombra eu as vejo, minhas meninas! minhas rainhas!

XXX

Ouvriers

Ô cette chaude matinée de février. Le Sud inopportun vint relever nos souvenirs d'indigents absurdes, notre jeune misère.

Henrika avait une jupe de coton à carreau blanc et brun, qui a dû être portée au siècle dernier, un bonnet à rubans, et un foulard de soie. C'était bien plus triste qu'un deuil. Nous faisions un tour dans la banlieue. Le temps était couvert, et ce vent du Sud excitait toutes les vilaines odeurs des jardins ravagés et des prés desséchés.

Cela ne devait pas fatiguer ma femme au même point que moi. Dans une flache laissée par l'inondation du mois précédent à un sentier assez haut elle me fit remarquer de très petits poissons.

La ville, avec sa fumée et ses bruits de métiers, nous suivait très loin dans les chemins. Ô l'autre monde, l'habitation bénie par le ciel et les ombrages! Le sud me rappelait les misérables incidents de mon enfance, mes désespoirs d'été, l'horrible quantité de force et de science que le sort a toujours éloignée de moi. Non! nous ne passerons pas l'été dans cet avare pays où nous ne serons jamais que des orphelins fiancés. Je veux que ce bras durci ne traîne plus *une chère image.*

Operários

Ó essa quente manhã de fevereiro. O Sul inoportuno veio avivar nossas lembranças de indigentes absurdos, nossa jovem miséria.

Henrika estava com uma saia de algodão quadriculado branco e marrom, que deve ter sido usada no século passado, um chapéu com fitas e um lenço de seda. Era bem mais triste que um luto. Dávamos uma volta no subúrbio. O tempo estava encoberto e esse vento do Sul excitava todos os cheiros ruins dos jardins arruinados e dos prados ressecados. Isso não devia cansar minha mulher do mesmo modo que a mim. Numa poça deixada pela inundação do mês anterior num caminho bastante alto, ela fez com que eu observasse peixes muito pequenos.

A cidade, com sua fumaça e seus ruídos de ofícios, seguia-nos muito longe pelos caminhos. Ó o outro mundo, a habitação abençoada pelo céu e pelas sombras das folhagens! O sul lembrava-me os lastimáveis incidentes de minha infância, meus desesperos de verão, a horrível quantidade de força e de ciência que o destino sempre afastou de mim. Não! não passaremos o verão nesse país avaro onde sempre seremos apenas órfãos noivos. Quero que esse braço enrijecido não arraste mais *uma imagem querida*.

Les Ponts

Des ciels gris de cristal. Un bizarre dessin de ponts, ceux-ci droits, ceux-là bombés, d'autres descendant ou obliquant en angles sur les premiers, et ces figures se renouvelant dans les autres circuits éclairés du canal, mais tous tellement longs et légers que les rives, chargées de dômes s'abaissent et s'amoindrissent. Quelques-uns de ces ponts sont encore chargés de masures. D'autres soutiennent des mâts, des signaux, de frêles parapets. Des accords mineurs se croisent, et filent, des cordes montent des berges. On distingue une veste rouge, peut-être d'autres costumes et des instruments de musique. Sont-ce des airs populaires, des bouts de concerts seigneuriaux, des restants d'hymnes publics? L'eau est grise et bleue, large comme un bras de mer. — Un rayon blanc, tombant du haut du ciel, anéantit cette comédie.

As Pontes

Céus cinza de cristal. Um estranho desenho de pontes, estas retas, aquelas arqueadas, outras descendo ou fazendo curvas em ângulos oblíquos com as primeiras, e essas figuras renovam-se em outros circuitos iluminados do canal, mas todas são tão longas e leves quanto as margens são carregadas de abóbodas, de modo que se abaixam e diminuem. Algumas dessas pontes são ainda sobrecarregadas de casebres. Outras sustentam mastros, sinais, frágeis parapeitos. Acordes menores cruzam-se, e fogem, cordas sobem das margens. Distinguem-se um paletó vermelho, talvez outros trajes e instrumentos musicais. São canções populares, trechos de concertos senhoriais, restos de hinos públicos? A água é cinza e azul, larga como um braço de mar. — Um raio branco, que cai do alto do céu, arruína essa cena teatral.

Ville

Je suis un éphémère et point trop mécontent citoyen d'une métropole crue moderne parce que tout goût connu a été éludé dans les ameublements et l'extérieur des maisons aussi bien que dans le plan de la ville. Ici vous ne signaleriez les traces d'aucun monument de superstition. La morale et la langue sont réduites à leur plus simple expression, enfin! Ces millions de gens qui n'ont pas besoin de se connaître amènent si pareillement l'éducation, le métier et la vieillesse, que ce cours de vie doit être plusieurs fois moins long que ce qu'une statistique folle trouve pour les peuples du continent. Aussi comme, de ma fenêtre, je vois des spectres nouveaux roulant à travers l'épaisse et éternelle fumée de charbon, — notre ombre des bois, notre nuit d'été! — des Érinnyes nouvelles, devant mon cottage qui est ma patrie et tout mon cœur puisque tout ici ressemble à ceci, — la Mort sans pleurs, notre active fille et servante, et un Amour désespéré, et un joli Crime piaulant dans la boue de la rue.

Cidade

Sou um efêmero e não muito descontente cidadão de uma metrópole considerada moderna porque todo gosto conhecido foi evitado no mobiliário e no exterior das casas tanto quanto no plano da cidade. Aqui não seriam assinalados traços de nenhum monumento de superstição. A moral e a língua estão reduzidas a sua mais simples expressão, enfim! Esses milhões de pessoas que não têm necessidade de se conhecer tratam de modo tão semelhante a educação, o trabalho e a velhice, que o curso de suas vidas deve ser muitas vezes menos longo do que aquilo que uma estatística louca encontra para os povos do continente. Assim como, de minha janela, vejo espectros novos rolando através da espessa e eterna fumaça de carvão, — nossa sombra dos bosques, nossa noite de verão! — Erínias novas, diante de minha pequena casa que é minha pátria e todo meu coração porque aqui tudo parece isso, — a Morte sem choros, nossa ativa filha e empregada, um Amor desesperado, e um bonito Crime choramingando na lama da rua.

Ornières

À droite l'aube d'été éveille les feuilles et les vapeurs et les bruits de ce coin du parc, et les talus de gauche tiennent dans leur ombre violette les mille rapides ornières de la route humide. Défilé de féeries. En effet: des chars chargés d'animaux de bois doré, de mâts et de toiles bariolées, au grand galop de vingt chevaux de cirque tachetés, et les enfants et les hommes sur leurs bêtes les plus étonnantes; — vingt véhicules, bossés, pavoisés et fleuris comme des carrosses anciens ou de contes, pleins d'enfants attifés pour une pastorale suburbaine; — Même des cercueils sous leur dais de nuit dressant les panaches d'ébène, filant au trot des grandes juments bleues et noires.

Sulcos

À direita a aurora de verão desperta as folhas e os vapores e os ruídos desse recanto do parque, e os barrancos da esquerda mantêm em sua sombra violeta os mil sulcos rápidos da estrada úmida. Desfile de mundos mágicos. De fato: carros carregados de animais de madeira dourada, mastros e telas multicoloridas, no rápido galope de vinte cavalos de circo mosqueados, e as crianças e os homens em seus animais muito espantosos; — vinte veículos, com relevos, embandeirados e floridos como carruagens antigas ou de contos, cheios de crianças enfatiotadas para uma pastoral suburbana; — Até mesmo féretros sob seu dossel de noite erguendo penachos de ébano, seguindo ao trote das grandes éguas azuis e negras.

Villes

[II]

Ce sont des villes! C'est un peuple pour qui se sont montés ces Alleghanys et ces Libans de rêve! Des chalets de cristal et de bois qui se meuvent sur des rails et des poulies invisibles. Les vieux cratères ceints de colosses et de palmiers de cuivre rugissent mélodieusement dans les feux. Des fêtes amoureuses sonnent sur les canaux pendus derrière les chalets. La chasse des carillons crie dans les gorges. Des corporations de chanteurs géants accourent dans des vêtements et des oriflammes éclatants comme la lumière des cimes. Sur les plates-formes au milieu des gouffres les Rolands sonnent leur bravoure. Sur les passerelles de l'abîme et les toits des auberges l'ardeur du ciel pavoise les mâts. L'écroulement des apothéoses rejoint les champs des hauteurs où les centauresses séraphiques évoluent parmi les avalanches. Au-dessus du niveau des plus hautes crêtes une mer troublée par la naissance éternelle de Vénus, chargée de flottes orphéoniques et de la rumeur des perles et des conques précieuses, — la mer s'assombrit parfois avec des éclats mortels. Sur les versants des moissons de fleurs grandes comme nos armes et nos coupes, mugissent. Des cortèges de Mabs en robes rousses, opalines, montent des ravines. Là-haut, les pieds dans la cascade et les ronces, les cerfs tètent Diane. Les Bacchantes des banlieues sanglotent et la lune brûle et hurle. Vénus entre dans les cavernes des forgerons et des ermites. Des groupes de beffrois chantent les idées des peuples. Des châteaux bâtis en os sort la musique inconnue. Toutes les légendes évoluent et les élans se ruent dans les bourgs. Le paradis des orages s'effondre. Les sauvages dansent sans cesse la fête de la nuit. Et une heure je suis descendu dans le mouvement d'un boulevard de Bagdad où des compagnies

Cidades

[II]

São mesmo cidades! Este é um povo para o qual se formaram esses Alleghanys e esses Líbanos de sonho! Chalés de cristal e madeira que se movem em trilhos e polias invisíveis. As velhas crateras cingidas por colossos e palmeiras de cobre rugem melodiosamente no fogaréu. Festas amorosas soam nos canais suspensos por trás dos chalés. A caça dos carrilhões grita nas gargantas. Corporações de cantores gigantes acorrem em vestimentas e estandartes resplendentes como a luz dos cimos. Nas plataformas no meio dos abismos, os Rolands soam sua intrepidez. Nas passarelas do abismo e nos telhados das hospedarias o ardor do céu embandeira os mastros. O desabamento das apoteoses alcança os campos das alturas onde centauras seráficas evoluem entre as avalanches. Acima do nível das mais altas cristas, um mar perturbado pelo nascimento eterno de Vênus, carregado de frotas orfeônicas e do rumor das pérolas e das conchas preciosas, — o mar se ensombrece por vezes com fulgores mortais. Nas vertentes, mugem plantações de flores grandes como nossas armas e nossas taças. Cortejos de Mabs em vestidos ruivos, opalinos, sobem das grotas. No alto, as patas na cascata e nos espinheiros, os cervos mamam em Diana. As Bacantes dos subúrbios soluçam e a lua arde e urra. Vênus entra nas cavernas dos ferreiros e dos eremitas. Grupos de campanários cantam as ideias dos povos. De castelos construídos com ossos sai a música desconhecida. Todas as lendas expõem-se e os alces avançam pelas pequenas cidades. O paraíso das tempestades desaba. Os selvagens dançam incessantemente na festa da noite. E uma hora desci até o movimento de uma avenida de Bagdá onde grupos cantaram a

ont chanté la joie du travail nouveau, sous une brise épaisse, circulant sans pouvoir éluder les fabuleux fantômes des monts où l'on a dû se retrouver.

Quels bons bras, quelle belle heure me rendront cette région d'où viennent mes sommeils et mes moindres mouvements?

alegria do trabalho novo, sob uma brisa espessa, circulando sem poder evitar os fabulosos fantasmas dos montes onde devíamos ter-nos reencontrado.

Que bons braços, que bela hora irão devolver-me essa região de onde vêm meus sonos e meus menores movimentos?

Vagabonds

Pitoyable frère! Que d'atroces veillées je lui dus! "Je ne me saisissais pas fervemment de cette entreprise. Je m'étais joué de son infirmité. Par ma faute nous retournerions en exil, en esclavage." Il me supposait un guignon et une innocence très bizarres, et il ajoutait des raisons inquiétantes.

Je répondais en ricanant à ce satanique docteur, et finissais par gagner la fenêtre. Je créais, par-delà la campagne traversée par des bandes de musique rare, les fantômes du futur luxe nocturne.

Après cette distraction vaguement hygiénique, je m'étendais sur une paillasse. Et, presque chaque nuit, aussitôt endormi, le pauvre frère se levait, la bouche pourrie, les yeux arrachés, — tel qu'il se rêvait! — et me tirait dans la salle en hurlant son songe de chagrin idiot.

J'avais en effet, en toute sincérité d'esprit, pris l'engagement de le rendre à son état primitif de fils du soleil, — et nous errions, nourris du vin des cavernes et du biscuit de la route, moi pressé de trouver le lieu et la formule.

Errantes

Lamentável irmão! Quantas atrozes noites em claro por conta dele! "Eu não assumia fervorosamente essa tarefa. Rira de sua fraqueza. Por minha culpa voltaríamos ao exílio, à escravidão." Ele me atribuía um azar e uma inocência muito estranhos, e acrescentava razões inquietantes. Escarnecendo, eu respondia a esse satânico doutor, e acabava por alcançar a janela. Eu criava, para além do campo atravessado pelos grupos de música rara, os fantasmas do futuro luxo noturno. Depois dessa distração vagamente higiênica, eu me estendia num colchão de palha. E, quase toda noite, tão logo eu adormecia, o pobre irmão levantava-se, a boca podre, os olhos quase fora das órbitas, — tal como ele se via em sonho! — e me puxava para a sala urrando seu sonho de dor idiota.

Eu tinha de fato, com toda sinceridade de espírito, assumido o compromisso de o devolver a seu estado primitivo de filho do sol, — e errávamos, alimentados pelo vinho das cavernas e pelo pãozinho da estrada, eu aflito para encontrar o lugar e a fórmula.

Villes

[I]

L'acropole officielle outre les conceptions de la barbarie moderne les plus colossales. Impossible d'exprimer le jour mat produit par le ciel immuablement gris, l'éclat impérial des bâtisses, et la neige éternelle du sol. On a reproduit dans un goût d'énormité singulier toutes les merveilles classiques de l'architecture. J'assiste à des expositions de peinture dans des locaux vingt fois plus vastes qu'Hampton-Court. Quelle peinture! Un Nabuchodonosor norvégien a fait construire les escaliers des ministères; les subalternes que j'ai pu voir sont déjà plus fiers que des Brahmas et j'ai tremblé à l'aspect des gardiens de colosses et officiers de constructions. Par le groupement des bâtiments en squares, cours et terrasses fermées, on évince les cochers. Les parcs représentent la nature primitive travaillée par un art superbe. Le haut quartier a des parties inexplicables: un bras de mer, sans bateaux, roule sa nappe de grésil bleu entre des quais chargés de candélabres géants. Un pont court conduit à une poterne immédiatement sous le dôme de la Sainte-Chapelle. Ce dôme est une armature d'acier artistique de quinze mille pieds de diamètre environ.

Sur quelques points des passerelles de cuivre, des plates-formes, des escaliers qui contournent les halles et les piliers, j'ai cru pouvoir juger la profondeur de la ville! C'est le prodige dont je n'ai pu me rendre compte: quels sont les niveaux des autres quartiers sur ou sous l'acropole? Pour l'étranger de notre temps la reconnaissance est impossible. Le quartier commerçant est un circus d'un seul style, avec galeries à arcades. On ne voit pas de boutiques. Mais la neige de la chaussée est écrasée; quelques nababs aussi rares que les promeneurs d'un matin de dimanche à Londres, se dirigent vers une diligence de diamants. Quelques divans de velours rouge: on sert des boissons polaires

Cidades

[I]

A acrópole oficial leva ao extremo as concepções mais colossais da barbárie moderna. Impossível exprimir o dia opaco produzido pelo céu imutavelmente cinza, pelo fulgor imperial das construções, e a neve eterna do chão. Todas as maravilhas clássicas da arquitetura foram reproduzidas com um gosto pela enormidade singular. Vejo exposições de pintura em locais vinte vezes mais vastos que Hampton-Court. Que pintura! Um Nabucodonosor norueguês mandou construir as escadas dos ministérios; os subalternos que pude ver já são mais emproados que Bramas e tremi diante do aspecto de colosso dos guardas e responsáveis pelas construções. Graças ao agrupamento das construções em pátios, terraços e praças fechados, os cocheiros foram afastados. Os parques representam a natureza primitiva trabalhada por uma arte esplêndida. O bairro alto tem partes inexplicáveis: um braço de mar, sem navios, rola sua camada de granizo azul por entre cais carregados de candelabros gigantes. Uma pequena ponte conduz a uma passagem oculta sob a cúpula da Sainte-Chapelle. Essa cúpula é uma estrutura de aço artística com quinze mil pés de diâmetro aproximadamente.

Em alguns pontos das passarelas de cobre, das plataformas, das escadas que contornam o mercado e os pilares, acreditei que pudesse avaliar a profundidade da cidade! Este é o prodígio de que não pude dar-me conta: quais são os níveis dos outros bairros em pontos mais altos ou mais baixos que o da acrópole? Para o estrangeiro de nosso tempo o reconhecimento é impossível. O bairro comercial é um circus de um único estilo, com galerias de arcadas. Não se veem lojas. Mas a neve da calçada está esmagada; alguns nababos, tão raros quanto os passeantes de uma manhã de domingo em Londres, dirigem-se para uma diligência de

dont le prix varie de huit cents à huit mille roupies. À l'idée de chercher des théâtres sur ce circus, je me réponds que les boutiques doivent contenir des drames assez sombres (?) Je pense qu'il y a une police, mais la loi doit être tellement étrange, que je renonce à me faire une idée des aventuriers d'ici. Le faubourg aussi élégant qu'une belle rue de Paris est favorisé d'un air de lumière. L'élément démocratique compte quelque cents âmes. Là encore les maisons ne se suivent pas; le faubourg se perd bizarrement dans la campagne, le "Comté" qui remplit l'occident éternel des forêts et des plantations prodigieuses où les gentilshommes sauvages chassent leurs chroniques sous la lumière qu'on a créée.

diamantes. Alguns divãs de veludo vermelho: servem-se bebidas polares cujo preço varia de oitocentas a oito mil rúpias. À ideia de buscar teatros na área comercial, respondo-me que as lojas devem conter dramas bastante sombrios (?) Creio que há uma polícia; mas a lei deve ser de tal modo estranha que renuncio a fazer qualquer ideia a propósito dos aventureiros daqui. O subúrbio, tão elegante quanto uma bela rua de Paris, é agraciado com um ar luminoso. O elemento democrático conta algumas centenas de almas. Mesmo ali as casas não se sucedem; o subúrbio perde-se estranhamente no campo, o "Condado" que enche o ocidente eterno com florestas e plantações prodigiosas onde os nobres selvagens caçam suas crônicas sob a luz que foi criada.

Veillées

I

C'est le repos éclairé, ni fièvre ni langueur, sur le lit ou sur le pré.

C'est l'ami ni ardent ni faible. L'ami.

C'est l'aimée ni tourmentante ni tourmentée. L'aimée.

L'air et le monde point cherchés. La vie.

— Était-ce donc ceci?

— Et le rêve fraîchit.

II

L'éclairage revient à l'arbre de bâtisse. Des deux extrémités de la salle, décors quelconques, des élévations harmoniques se joignent. La muraille en face du veilleur est une succession psychologique de coupes de frises, de bandes atmosphériques et d'accidents géologiques. — Rêve intense et rapide de groupes sentimentaux avec des êtres de tous les caractères parmi toutes les apparences.

III

Les lampes et les tapis de la veillée font le bruit des vagues, la nuit, le long de la coque et autour du steerage.

La mer de la veillée, telle que les seins d'Amélie.

Les tapisseries, jusqu'à mi-hauteur, des taillis de dentelle, teinte d'émeraude, où se jettent les tourterelles de la veillée.

....

La plaque du foyer noir, de réels soleils des grèves: ah! puits des magies; seule vue d'aurore, cette fois.

Vigílias

I

É o repouso iluminado, nem febre nem langor, na cama ou no prado.
É o amigo nem ardente nem fraco. O amigo.
É a amada nem atormentadora nem atormentada. A amada.
O ar e o mundo de modo algum buscados. A vida.
— Era isto então?
— E o sonho esmorece.

II

A iluminação cabe ao pilar central. Das duas extremidades da sala, decorações banais, elevações harmônicas se unem. A muralha diante de quem está acordado é uma sucessão psicológica de cortes de frisas, de faixas atmosféricas e de acidentes geológicos. — Sonho intenso e rápido de grupos sentimentais com seres de todos os caracteres entre todas as aparências.

III

As lâmpadas e os tapetes da vigília fazem o barulho das ondas, à noite, ao longo do casco e em torno do steerage.
O mar da vigília, tal como os seios de Amélie.
As tapeçarias, até a meia altura, mata de renda, tinta de esmeralda, onde se lançam rolinhas da vigília.

....

A placa da lareira preta, verdadeiros sóis das praias: ah! poços das magias; única vista da aurora, desta vez.

Mystique

Sur la pente du talus les anges tournent leurs robes de laine dans les herbages d'acier et d'émeraude.

Des prés de flammes bondissent jusqu'au sommet du mamelon. À gauche le terreau de l'arête est piétiné par tous les homicides et toutes les batailles, et tous les bruits désastreux filent leur courbe. Derrière l'arête de droite la ligne des orients, des progrès.

Et tandis que la bande en haut du tableau est formée de la rumeur tournante et bondissante des conques des mers et des nuits humaines,

La douceur fleurie des étoiles et du ciel et du reste descend en face du talus, comme un panier, contre notre face, et fait l'abîme fleurant et bleu là-dessous.

Místico

No declive do talude os anjos rodam suas batas de lã nas pastagens de aço e esmeralda.

Prados de chamas pulam até o cume da colina. À esquerda, o húmus da crista é pisoteado por todos os homicidas e todas as batalhas, e todos os ruídos desastrosos seguem sua curva. Por trás da aresta da direita a linha dos orientes, dos progressos.

E enquanto a faixa no alto do quadro é formada pelo rumor volteante e saltitante das conchas dos mares e das noites humanas,

A suavidade florida das estrelas e do céu e do resto desce diante do talude, como um cesto, contra nosso rosto, e forma o abismo florente e azul abaixo.

Aube

J'ai embrassé l'aube d'été.

Rien ne bougeait encore au front des palais. L'eau était morte. Les camps d'ombres ne quittaient pas la route du bois. J'ai marché, réveillant les haleines vives et tièdes, et les pierreries regardèrent, et les ailes se levèrent sans bruit.

La première entreprise fut, dans le sentier déjà empli de frais et blêmes éclats, une fleur qui me dit son nom.

Je ris au wasserfall blond qui s'échevela à travers les sapins: à la cime argentée je reconnus la déesse.

Alors je levai un à un les voiles. Dans l'allée, en agitant les bras. Par la plaine, où je l'ai dénoncée au coq. À la grande ville elle fuyait parmi les clochers et les dômes, et courant comme un mendiant sur les quais de marbre, je la chassais.

En haut de la route, près d'un bois de lauriers, je l'ai entourée avec ses voiles amassés, et j'ai senti un peu son immense corps. L'aube et l'enfant tombèrent au bas du bois.

Au réveil il était midi.

Alvorecer

Abracei o alvorecer de verão.

Nada se mexia ainda na fachada dos palácios. A água estava morta. Os campos de sombras não deixavam a estrada do bosque. Andei, acordando as respirações vivas e mornas, e as pedrarias olharam, e as asas se alçaram sem ruído.

O primeiro empreendimento foi, no caminho já cheio de frescos e pálidos fulgores, uma flor que me disse seu nome.

Ri para o wasserfall louro que se descabelou através dos pinheiros: no cimo prateado reconheci a deusa.

Então ergui um a um os véus. Na aleia, agitando os braços. Pela planície, onde a denunciei ao galo. Na grande cidade ela fugia por entre os campanários e as abóbadas, e correndo como um mendigo pelos cais de mármore, eu a perseguia.

No alto da estrada, perto de um bosque de loureiros, envolvi-a com seus véus amontoados, e senti um pouco seu corpo imenso. O alvorecer e a criança caíram na beira do bosque.

Ao acordar, era meio-dia.

Fleurs

D'un gradin d'or, — parmi les cordons de soie, les gazes grises, les velours verts et les disques de cristal qui noircissent comme du bronze au soleil, — je vois la digitale s'ouvrir sur un tapis de filigranes d'argent, d'yeux et de chevelures.

Des pièces d'or jaune semées sur l'agate, des piliers d'acajou supportant un dôme d'émeraudes, des bouquets de satin blanc et de fines verges de rubis entourent la rose d'eau.

Tels qu'un dieu aux énormes yeux bleus et aux formes de neige, la mer et le ciel attirent aux terrasses de marbre la foule des jeunes et fortes roses.

Flores

De um assento de ouro, — entre os cordões de seda, as gazes cinza, os veludos verdes e os discos de cristal que escurecem como bronze ao sol, — vejo a dedaleira abrir-se num tapete de filigranas de prata, de olhos e cabeleiras.

Moedas de ouro amarelo semeadas sobre a ágata, pilares de acaju que sustentam uma abóbada de esmeraldas, buquês de cetim branco e de finas varas de rubis circundam a rosa d'água.

Tais como um deus com enormes olhos azuis e formas de neve, o mar e o céu atraem para os terraços de mármore a multidão das jovens e fortes rosas.

Nocturne vulgaire

Un souffle ouvre des brèches opéradiques dans les cloisons, — brouille le pivotement des toits rongés, — disperse les limites des foyers, — éclipse les croisées. — Le long de la vigne, m'étant appuyé du pied à une gargouille, — je suis descendu dans ce carrosse dont l'époque est assez indiquée par les glaces convexes, les panneaux bombés et les sofas contournés — Corbillard de mon sommeil, isolé, maison de berger de ma niaiserie, le véhicule vire sur le gazon de la grande route effacée; et dans un défaut en haut de la glace de droite tournoient les blêmes figures lunaires, feuilles, seins; — Un vert et un bleu très foncés envahissent l'image. Dételage aux environs d'une tache de gravier.

— Ici, va-t-on siffler pour l'orage, et les Sodomes et les Solymes, — et les bêtes féroces et les armées,

— (Postillon et bêtes de songe reprendront-ils sous les plus suffocantes futaies, pour m'enfoncer jusqu'aux yeux dans la source de soie).

— Et nous envoyer, fouettés à travers les eaux clapotantes et les boissons répandues, rouler sur l'aboi des dogues...

— Un souffle disperse les limites du foyer.

Noturno banal

Um vento abre brechas operáticas nas paredes — confunde o equilíbrio dos tetos corroídos, — dispersa os limites das lareiras, — eclipsa as janelas. — Ao longo da trepadeira, tendo apoiado o pé em uma gárgula, — entrei nessa carruagem cuja época é bem indicada pelos vidros convexos, os painéis arqueados e os assentos contornados — Carro funerário de meu sono, isolado, casa de pastor de minha idiotice, o veículo pega a grama da estrada mestra apagada: e num defeito no alto do vidro da direita rodopiam pálidas figuras lunares, folhas, seios; — Um verde e um azul muito escuros invadem a imagem. Desatrela-se nas proximidades de uma mancha de cascalho.

— Aqui se vai assobiar para a tempestade, e para as Sodomas — e para as Solimas, — e para os animais ferozes e para os exércitos, — (Postilhão e animais de sonho vão partir de novo sob as mais sufocantes matas, para me enfiar até os olhos na fonte de seda).

— E mandar-nos, vergastados através das águas encapeladas e das bebidas derramadas, rolar ao latido dos cães ferozes...

— Um vento dispersa os limites da lareira.

Marine

Les chars d'argent et de cuivre —
Les proues d'acier et d'argent
Battent l'écume, —
Soulèvent les souches des ronces.
Les courants de la lande,
Et les ornières immenses du reflux
Filent circulairement vers l'est,
Vers les piliers de la forêt, —
Vers les fûts de la jetée,
Dont l'angle est heurté par des tourbillons de lumière.

Marinha

Os carros de prata e cobre —
As proas de aço e prata
Batem a espuma, —
Levantam os tocos dos espinheiros.
As correntes do pântano,
E os sulcos imensos do refluxo
Correm circularmente para leste,
Para os pilares da floresta, —
Para os troncos do quebra-mar,
Cuja beirada é atacada por turbilhões de luz.

Fête d'hiver

La cascade sonne derrière les huttes d'opéra-comique. Des girandoles prolongent, dans les vergers et les allées voisins du Méandre, — les verts et les rouges du couchant. Nymphes d'Horace coiffées au Premier Empire, — Rondes Sibériennes, — Chinoises de Boucher.

Festa de inverno

A cascata ressoa por trás das choças de ópera-cômica. Girândolas prolongam, nos pomares e nas aleias perto do Meandro, — os verdes e os vermelhos do poente. Ninfas de Horácio com penteados à moda do Primeiro Império, — Rondas siberianas, chinesas de Boucher.

Angoisse

Se peut-il qu'Elle me fasse pardonner les ambitions continuellement écrasées, — qu'une fin aisée répare les âges d'indigence, — qu'un jour de succès nous endorme sur la honte de notre inhabileté fatale,

(Ô palmes! diamant! — Amour, force! — plus haut que toutes joies et gloires! — de toutes façons, partout, — Démon, dieu, — Jeunesse de cet être-ci; moi!)

Que des accidents de féerie scientifique et des mouvements de fraternité sociale soient chéris comme restitution progressive de la franchise première?...

Mais la Vampire qui nous rend gentils commande que nous nous amusions avec ce qu'elle nous laisse, ou qu'autrement nous soyons plus drôles.

Rouler aux blessures, par l'air lassant et la mer; aux supplices, par le silence des eaux et de l'air meurtriers; aux tortures qui rient, dans leur silence atrocement houleux.

Angústia

É possível que Ela me faça perdoar as ambições continuamente esmagadas, — que um fim de abastança repare as épocas de indigência, — que um dia de sucesso nos adormeça sobre a vergonha de nossa inabilidade fatal,

(Ó palmas! diamante! — Amor, força! — mais alto que todas as alegrias e glórias! — de todos os modos, por toda parte, — Demônio, deus, — Juventude deste ser; eu!)

Que acidentes de magia científica e movimentos de fraternidade social sejam prezados como restituição progressiva da liberdade primeira?...

Mas a Vampira que nos torna amáveis ordena que devemos divertir-nos com o que ela nos deixa, ou que de outro modo sejamos mais divertidos.

Rolar nas feridas, pelo ar cansativo e pelo mar; nos suplícios, pelo silêncio das águas e do ar assassinos; nas torturas que riem, em seu silêncio atrozmente tempestuoso.

Métropolitain

Du détroit d'indigo aux mers d'Ossian, sur le sable rose et orange qu'a lavé le ciel vineux viennent de monter et de se croiser des boulevards de cristal habités incontinent par de jeunes familles pauvres qui s'alimentent chez les fruitiers. Rien de riche. — La ville!

Du désert de bitume fuient droit en déroute avec les nappes de brumes échelonnées en bandes affreuses au ciel qui se recourbe, se recule et descend, formé de la plus sinistre fumée noire que puisse faire l'Océan en deuil, les casques, les roues, les barques, les croupes. — La bataille!

Lève la tête: ce pont de bois, arqué; les derniers potagers de Samarie; ces masques enluminés sous la lanterne fouettée par la nuit froide; l'ondine niaise à la robe bruyante, au bas de la rivière; les crânes lumineux dans les plants de pois, — et les autres fantasmagories — la campagne.

Des routes bordées de grilles et de murs, contenant à peine leurs bosquets, et les atroces fleurs qu'on appellerait cœurs et sœurs, Damas damnant de longueur, — possessions de féeriques aristocraties ultra-Rhénanes, Japonaises, Guaranies, propres encore à recevoir la musique des anciens — et il y a des auberges qui pour toujours n'ouvrent déjà plus — il y a des princesses, et si tu n'es pas trop accablé, l'étude des astres — le ciel.

Le matin où avec Elle, vous vous débattîtes parmi les éclats de neige, les lèvres vertes, les glaces, les drapeaux noirs et les rayons bleus, et les parfums pourpres du soleil des pôles, — ta force.

Metropolitano

Do estreito de índigo aos mares de Ossian, na areia rosa e laranja lavada pelo céu cor de vinho, acabam de subir e de se cruzar avenidas de cristal habitadas de imediato por jovens famílias pobres que se alimentam nas quitandas. Nada de coisa de rico. — A cidade!

Do deserto de asfalto fogem direto em desordem os capacetes, as rodas, os barcos, as garupas com as camadas de brumas escalonadas em terríveis faixas no céu que se encurva, recua e desce, formado pela mais sinistra fumaça negra que o Oceano em luto possa fazer. — A batalha!

Erga a cabeça: a ponte de madeira, arqueada; as últimas hortas de Samaria; essas máscaras iluminadas sob a lanterna chicoteada pela noite fria; a ondina tola com vestido estrepitoso, junto ao rio; os crânios luminosos nas extensões de ervilhas, — e as outras fantasmagorias — o campo.

Estradas margeadas por grades e muros que mal contêm seus pequenos bosques, e as atrozes flores que chamaríamos corações e irmãs, Damasco exasperante de comprida, — possessões de fantásticas aristocracias ultra-renanas, japonesas, guaranis, próprias ainda para receber a música dos antigos — e há hospedarias que para sempre já não abrem mais — há princesas, e se você não estiver muito abatido, o estudo dos astros — o céu.

Na manhã em que com Ela você se debateu, entre os fulgores da neve, os lábios verdes, os gelos, as bandeiras negras e os raios azuis, e os perfumes púrpura do sol dos polos, — tua força.

Barbare

Bien après les jours et les saisons, et les êtres et les pays,
Le pavillon en viande saignante sur la soie des mers et des fleurs arctiques; (elles n'existent pas.)
Remis des vieilles fanfares d'héroïsme — qui nous attaquent encore le cœur et la tête — loin des anciens assassins —
Oh! Le pavillon en viande saignante sur la soie des mers et des fleurs arctiques; (elles n'existent pas)
Douceurs!
Les brasiers, pleuvant aux rafales de givre, — Douceurs! — les feux à la pluie du vent de diamants jetée par le cœur terrestre éternellement carbonisé pour nous. — Ô monde! —
(Loin des vieilles retraites et des vieilles flammes, qu'on entend, qu'on sent,)
Les brasiers et les écumes. La musique, virement des gouffres et choc des glaçons aux astres.
Ô Douceurs, ô monde, ô musique! Et là, les formes, les sueurs, les chevelures et les yeux, flottant. Et les larmes blanches, bouillantes, — ô douceurs! — et la voix féminine arrivée au fond des volcans et des grottes arctiques.
Le pavillon...

Bárbaro

Muito depois dos dias e estações, e dos seres e países,
A bandeira em carne sangrenta sobre a seda dos mares e das
flores árticas; (elas não existem.)
Refeito das velhas fanfarras de heroísmo — que nos atacam
ainda o coração e a cabeça — longe dos antigos assassinos —
Oh! A bandeira em carne sangrenta sobre a seda dos mares
e das flores árticas; (elas não existem)
Suavidades!
Os braseiros, chovendo com rajadas de geada, — Suavi-
dades! — as fogueiras sob a chuva do vento de diamantes lan-
çada pelo coração terrestre eternamente carbonizado para nós.
— Ó mundo! —
(Longe dos velhos refúgios e das velhas chamas, que são
ouvidos, que são sentidos,)
Os braseiros e as espumas. A música, reviravolta dos abis-
mos e choque dos pedaços de gelo nos astros.
Ó Suavidades, ó mundo, ó música! E ali, as formas, os suores,
as cabeleiras e os olhos, flutuando. E as lágrimas brancas, fer-
ventes, — ó suavidades! — e a voz feminina chegada ao fundo
dos vulcões e das grutas árticas.
A bandeira...

Scènes

L'ancienne Comédie poursuit ses accords et divise ses Idylles:
Des boulevards de tréteaux.

Un long pier en bois d'un bout à l'autre d'un champ rocailleux où la foule barbare évolue sous les arbres dépouillés.

Dans des corridors de gaze noire, suivant le pas des promeneurs aux lanternes et aux feuilles.

Des oiseaux des mystères s'abattent sur un ponton de maçonnerie mû par l'archipel couvert des embarcations des spectateurs.

Des scènes lyriques accompagnées de flûte et de tambour s'inclinent dans des réduits ménagés sous les plafonds, autour des salons de clubs modernes ou des salles de l'Orient ancien.

La féerie manœuvre au sommet d'un amphithéâtre couronné par les taillis, — Ou s'agite et module pour les Béotiens, dans l'ombre des futaies mouvantes sur l'arête des cultures.

L'opéra-comique se divise sur une scène à l'arête d'intersection de dix cloisons dressées de la galerie aux feux.

Cenas

O antigo Teatro prossegue seus acordes e divide seus Idílios: Avenidas com palcos armados.

Um longo píer em madeira de um extremo a outro de um campo pedregoso onde a multidão bárbara circula sob as árvores desnudadas.

Nos corredores de gaze negra, seguindo o passo dos transeuntes sob lanternas e sobre folhas.

Pássaros dos mistérios abatem-se sobre um pontão de alvenaria movimentado pelo arquipélago coberto das embarcações dos espectadores.

Cenas líricas acompanhadas de flauta e tambor inclinam-se nos recessos dispostos sob os forros, em torno dos salões de clubes modernos ou salas do Oriente antigo.

A cena mágica opera no cume de um anfiteatro coroado pela mata, — Ou se agita e modula para os beócios, à sombra dos bosques oscilantes na crista das plantações.

A ópera-cômica divide-se sobre um palco na linha de interseção de dez divisórias erguidas da galeria até os pontos de iluminação.

Soir historique

En quelque soir, par exemple, que se trouve le touriste naïf, retiré de nos horreurs économiques, la main d'un maître anime le clavecin des prés; on joue aux cartes au fond de l'étang, miroir évocateur des reines et des mignonnes, on a les saintes, les voiles, et les fils d'harmonie, et les chromatismes légendaires, sur le couchant.

Il frissonne au passage des chasses et des hordes. La comédie goutte sur les tréteaux de gazon. Et l'embarras des pauvres et des faibles sur ces plans stupides!

À sa vision esclave, — l'Allemagne s'échafaude vers des lunes; les déserts tartares s'éclairent — les révoltes anciennes grouillent dans le centre du Céleste Empire; par les escaliers et les fauteuils de rois — un petit monde blême et plat, Afrique et Occidents, va s'édifier. Puis un ballet de mers et de nuits connues, une chimie sans valeur, et des mélodies impossibles.

La même magie bourgeoise à tous les points où la malle nous déposera! Le plus élémentaire physicien sent qu'il n'est plus possible de se soumettre à cette atmosphère personnelle, brume de remords physiques, dont la constatation est déjà une affliction.

Non! — Le moment de l'étuve, des mers enlevées, des embrasements souterrains, de la planète emportée, et des exterminations conséquentes, certitudes si peu malignement indiquées dans la Bible et par les Nornes et qu'il sera donné à l'être sérieux de surveiller. — Cependant ce ne sera point un effet de légende!

Tarde histórica

Em alguma tarde, por exemplo, em que o turista ingênuo se encontra afastado de nossos horrores econômicos, a mão de um mestre anima o clavicórdio dos prados; joga-se baralho no fundo do lago, espelho evocador das rainhas e das favoritas, há as santas, os véus, e os fios de harmonia, e os cromatismos legendários, no poente. Ele estremece com a passagem dos caçadores e das hordas. O teatro goteja sobre os palcos de grama. E a perturbação dos pobres e dos fracos diante desses tablados estúpidos!

Na sua visão escrava, — a Alemanha arma seus andaimes em direção a luas; os desertos tártaros se iluminam — as revoltas antigas fervem no centro do Império Celeste; pelas escadas e as cadeiras de rochas — um pequeno mundo pálido e plano, África e Ocidentes, vai edificar-se. Depois um balé de mares e noites conhecidos, uma química sem valor, e melodias impossíveis.

A mesma magia burguesa em todos os pontos onde a diligência postal nos deixará! O físico mais elementar sente que não é mais possível submeter-se a essa atmosfera pessoal, bruma de remorsos físicos, cuja constatação já é uma aflição.

Não! — O momento da estufa, dos mares arrebatados, dos abrasamentos subterrâneos, do planeta desenfreado e dos extermínios consequentes, certezas tão pouco malignamente indicadas na Bíblia e pelas Nornas e que será dado ao ser sério vigiar. — Todavia, não será um efeito de lenda!

Mouvement

Le mouvement de lacet sur la berge des chutes du fleuve,
Le gouffre à l'étambot,
La célérité de la rampe,
L'énorme passade du courant,
Mènent par les lumières inouïes
Et la nouveauté chimique
Les voyageurs entourés des trombes du val
Et du strom.

Ce sont les conquérants du monde
Cherchant la fortune chimique personnelle;
Le sport et le confort voyagent avec eux;
Ils emmènent l'éducation
Des races, des classes et des bêtes, sur ce Vaisseau.
Repos et vertige
À la lumière diluvienne,
Aux terribles soirs d'étude.

Car de la causerie parmi les appareils, — le sang, les fleurs,
                              [le feu, les bijoux, —
Des comptes agités à ce bord fuyard,
    — On voit, roulant comme une digue au-delà de la route
                              [hydraulique motrice,
Monstrueux, s'éclairant sans fin, — leur stock d'études; —
Eux chassés dans l'extase harmonique
Et l'héroïsme de la découverte.

Aux accidents atmosphériques les plus surprenants
Un couple de jeunesse s'isole sur l'arche,
— Est-ce ancienne sauvagerie qu'on pardonne? —
Et chante et se poste.

Movimento

O movimento oscilatório na margem das quedas do rio,
O abismo no cadaste,
A celeridade da rampa,
A enorme passada da corrente,
Levam pelas luzes inusitadas
E pela novidade química
Os viajantes cercados pelas trombas do vale
E do strom.

São os conquistadores do mundo
Buscando a fortuna química pessoal;
O esporte e o conforto viajam com eles;
Levam a educação
Das raças, das classes e dos animais, nessa Embarcação.
Repouso e vertigem
Na luz diluviana,
Nas terríveis noites de estudo.

Pois da conversa entre os aparelhos, — o sangue, as flores, o
[fogo, as joias, —
Dos cálculos agitados nesse navio fugidiço,
— Vê-se, seguindo como um dique para além da rota hidráulica
[motriz,
Monstruoso, iluminando-se sem fim, — seu estoque de estudos;
Eles expulsos no êxtase harmônico,
E no heroísmo da descoberta.

Diante dos acidentes atmosféricos mais surpreendentes
Um casal de jovens isola-se na arca,
— Isso é o antigo esquivamento que perdoamos? —
E canta e se posta.

Bottom

La réalité étant trop épineuse pour mon grand caractère, — je me trouvai néanmoins chez Ma dame, en gros oiseau gris bleu s'essorant vers les moulures du plafond et traînant l'aile dans les ombres de la soirée.

Je fus, au pied du baldaquin supportant ses bijoux adorés et ses chefs-d'œuvre physiques, un gros ours aux gencives violettes et au poil chenu de chagrin, les yeux aux cristaux et aux argents des consoles.

Tout se fit ombre et aquarium ardent. Au matin, — aube de juin batailleuse, — je courus aux champs, âne, claironnant et brandissant mon grief, jusqu'à ce que les Sabines de la banlieue vinrent se jeter à mon poitrail.

Bottom

Sendo a realidade muito espinhosa para meu pródigo caráter, — vi-me todavia em casa da minha senhora, como grande pássaro cinza-azul impelindo-se para os ornamentos do teto e arrastando a asa nas sombras da noite.

Fui, ao pé do baldaquim que sustenta suas joias adoradas e suas obras-primas físicas, um grande urso com gengivas violeta e pelo encanecido pela tristeza, com olhos nos cristais e pratas dos consoles.

Tudo fez-se sombra e aquário ardente. De manhã, — belicosa aurora de junho, — corri para os campos, asno, trombeteando e brandindo minha mágoa, até que as Sabinas do subúrbio vieram jogar-se em meu peitoral.

H

Toutes les monstruosités violent les gestes atroces d'Hortense. Sa solitude est la mécanique érotique, sa lassitude, la dynamique amoureuse. Sous la surveillance d'une enfance elle a été, à des époques nombreuses, l'ardente hygiène des races. Sa porte est ouverte à la misère. Là, la moralité des êtres actuels se décorpore en sa passion ou en son action — Ô terrible frisson des amours novices, sur le sol sanglant et par l'hydrogène clarteux! trouvez Hortense.

H

Todas as monstruosidades violam os gestos atrozes de Hortense. Sua solidão é a mecânica erótica, sua lassidão, a dinâmica amorosa. Sob a vigilância de uma infância, ela foi, em épocas várias, a ardente higiene das raças. Sua porta está aberta para a desventura. Ali, a moralidade dos seres atuais dissolve-se em sua paixão, ou em sua ação. — Ó terrível frêmito dos amores noviços no solo sangrento e sob o claro hidrogênio! encontrem Hortense.

Dévotion

À ma sœur Louise Vanaen de Voringhem: — Sa cornette bleue tournée à la mer du Nord. — Pour les naufragés.

À ma sœur Léonie Aubois d'Ashby. Baou — l'herbe d'été bourdonnante et puante. — Pour la fièvre des mères et des enfants.

À Lulu, — démon — qui a conservé un goût pour les oratoires du temps des Amies et de son éducation incomplète. Pour les hommes! À madame ***.

À l'adolescent que je fus. À ce saint vieillard, ermitage ou mission.

À l'esprit des pauvres. Et à un très haut clergé.

Aussi bien à tout culte en telle place de culte mémoriale et parmi tels évènements qu'il faille se rendre, suivant les aspirations du moment ou bien notre propre vice sérieux,

Ce soir à Circeto des hautes glaces, grasse comme le poisson, et enluminée comme les dix mois de la nuit rouge, — (son cœur ambre et spunck), — pour ma seule prière muette comme ces régions de nuit et précédant des bravoures plus violentes que ce chaos polaire.

À tout prix et avec tous les airs, même dans des voyages métaphysiques. — Mais plus *alors*.

Devoção

À irmã Louise Vanaen de Voringhem: — Seu chapéu corneta azul voltado para o mar do Norte. — Pelos náufragos. À irmã Léonie Aubois d'Ashby. Bau — a erva de verão zumbidora e malcheirosa. — Pela febre das mães e das crianças.

A Lulu, — demônio — que conservou um gosto pelos oratórios do tempo das Amigas e de sua educação incompleta. Pelos homens! À senhora ***. Ao adolescente que fui. A esse santo ancião, eremitério ou missão. Ao espírito dos pobres. E a um altíssimo clero.

Igualmente a todo o culto em tal lugar de culto memorial e entre tais acontecimentos a que seja preciso ir, segundo as aspirações do momento ou então nosso próprio vício sério,

Esta noite, em Circeto dos altos gelos, gordurosa como o peixe, e colorida como os dez meses da noite vermelha — (seu coração âmbar e spunk), — apenas por minha oração muda como essas regiões de noite e precedendo proezas mais violentas que esse caos polar.

A todo preço e em todos os lugares, mesmo em viagens metafísicas. — Mas não mais *então*.

Démocratie

"Le drapeau va au paysage immonde, et notre patois étouffe le tambour.

"Aux centres nous alimenterons la plus cynique prostitution. Nous massacrerons les révoltes logiques.

"Aux pays poivrés et détrempés! — au service des plus monstrueuses exploitations industrielles ou militaires.

"Au revoir ici, n'importe où. Conscrits du bon vouloir, nous aurons la philosophie féroce; ignorants pour la science, roués pour le confort; la crevaison pour le monde qui va. C'est la vraie marche. En avant, route!"

Democracia

"A bandeira segue para a paisagem imunda, e nosso dialeto sufoca o tambor.

"Nos centros alimentaremos a mais cínica prostituição. Massacraremos as revoltas lógicas.

"Nas regiões cheias de pimenteiras e encharcadas! — a serviço das mais monstruosas explorações industriais ou militares.

"Adeus aqui, não importa onde. Recrutas de boa vontade, teremos a filosofia feroz; ignorantes da ciência, estragados pelo conforto; a destruição para o mundo que continua. É a verdadeira marcha. Em frente, sigamos!"

Promontoire

L'aube d'or et la soirée frissonnante trouvent notre brick en large en face de cette villa et de ses dépendances, qui forment un promontoire aussi étendu que l'Épire et le Péloponnèse, ou que la grande île du Japon, ou que l'Arabie! Des fanums qu'éclaire la rentrée des théories, d'immenses vues de la défense des côtes modernes; des dunes illustrées de chaudes fleurs et de bacchanales; de grands canaux de Carthage et des Embankments d'une Venise louche; de molles éruptions d'Etnas et des crevasses de fleurs et d'eaux des glaciers; des lavoirs entourés de peupliers d'Allemagne; des talus de parcs singuliers penchant des têtes d'Arbre du Japon; les façades circulaires des "Royal" ou des "Grand" de Scarbro' ou de Brooklyn; et leurs railways flanquent, creusent, surplombent les dispositions de cet Hôtel, choisies dans l'histoire des plus élégantes et des plus colossales constructions de l'Italie, de l'Amérique et de l'Asie, dont les fenêtres et les terrasses à présent pleines d'éclairages, de boissons et de brises riches, sont ouvertes à l'esprit des voyageurs et des nobles — qui permettent, aux heures du jour, à toutes les tarentelles des côtes, — et même aux ritournelles des vallées illustres de l'art, de décorer merveilleusement les façades du Palais. Promontoire.

Promontório

O alvorecer de ouro e o anoitecer fremente encontram nosso brigue ao largo diante dessa residência e de suas dependências, que formam um promontório tão extenso quanto o Epiro e o Peloponeso, ou quanto a grande ilha do Japão, ou quanto a Arábia! Fanos iluminados pela volta das teorias, imensas vistas da defesa das costas modernas; dunas ilustradas por quentes flores e bacanais; grandes canais de Cartago e Embankments de uma Veneza dúbia; lânguidas erupções de Etnas e fissuras de flores e águas das geleiras, lavadouros cercados de choupos da Alemanha; encostas de parques singulares que inclinam as cabeças de Árvores do Japão; as fachadas circulares dos "Royal" ou dos "Grand" de Scarbro' ou Brooklyn; e suas railways margeiam, perfuram, encimam as disposições nesse Hotel, escolhidas na história das mais elegantes e das mais colossais construções da Itália, da América e da Ásia, cujas janelas e cujos terraços agora cheios de iluminações, de bebidas e de brisas ricas, estão abertos ao espírito dos viajantes e dos nobres — que permitem, durante o dia, a todas as tarantelas das costas, — e mesmo aos ritornelos dos vales ilustres da arte, ornamentarem maravilhosamente as fachadas do Palácio. Promontório.

Fairy

Pour Hélène se conjurèrent les sèves ornamentales dans les ombres vierges et les clartés impassibles dans le silence astral. L'ardeur de l'été fut confiée à des oiseaux muets et l'indolence requise à une barque de deuils sans prix par des anses d'amours morts et de parfums affaissés.

— Après le moment de l'air des bûcheronnes à la rumeur du torrent sous la ruine des bois, de la sonnerie des bestiaux à l'écho des vals, et des cris des steppes. —

Pour l'enfance d'Hélène frissonnèrent les fourrures et les ombres, — et le sein des pauvres, et les légendes du ciel.

Et ses yeux et sa danse supérieurs encore aux éclats précieux, aux influences froides, au plaisir du décor et de l'heure uniques.

Fairy

Por Helena conjuraram-se as seivas ornamentais nas sombras virgens e as claridades impassíveis no silêncio astral. O ardor do verão foi confiado a pássaros mudos e a necessária indolência a uma barca de lutos sem preço em angras de amores mortos e perfumes sucumbidos.

— Após o momento da canção das lenhadoras com o rumor da torrente sob a ruína dos bosques, das campainhas dos animais com o eco dos vales, e dos gritos das estepes. — Pela infância de Helena estremeceram arbustos espessos e sombras, — e o seio dos pobres, e as lendas do céu.

E seus olhos e sua dança superiores ainda aos brilhos preciosos, às influências frias, ao prazer do cenário e da hora únicos.

Guerre

Enfant, certains ciels ont affiné mon optique: tous les caractères nuancèrent ma physionomie. Les Phénomènes s'émurent. — À présent, l'inflexion éternelle des moments et l'infini des mathématiques me chassent par ce monde où je subis tous les succès civils, respecté de l'enfance étrange et des affections énormes. — Je songe à une Guerre, de droit ou de force, de logique bien imprévue.

C'est aussi simple qu'une phrase musicale.

Guerra

Criança, certos céus afinaram minha óptica: todos os caracteres nuançaram minha fisionomia. Os Fenômenos puseram-se em movimento. — Atualmente, a inflexão eterna dos momentos e o infinito das matemáticas perseguem-me por esse mundo onde sofro todos os sucessos civis, respeitado pela infância estranha e por afeições enormes. — Penso em uma Guerra, por direito ou força, de lógica bem imprevista.

É tão simples quanto uma frase musical.

Génie

Il est l'affection et le présent puisqu'il a fait la maison ouverte à l'hiver écumeux et à la rumeur de l'été, — lui qui a purifié les boissons et les aliments, — lui qui est le charme des lieux fuyants et le délice surhumain des stations. — Il est l'affection et l'avenir, la force et l'amour que nous, debout dans les rages et les ennuis, nous voyons passer dans le ciel de tempête et les drapeaux d'extase.

Il est l'amour, mesure parfaite et réinventée, raison merveilleuse et imprévue, et l'éternité: machine aimée des qualités fatales. Nous avons tous eu l'épouvante de sa concession et de la nôtre: ô jouissance de notre santé, élan de nos facultés, affection égoïste et passion pour lui, — lui qui nous aime pour sa vie infinie...

Et nous nous le rappelons et il voyage... Et si l'Adoration s'en va, sonne, sa promesse sonne: "Arrière ces superstitions, ces anciens corps, ces ménages et ces âges. C'est cette époque-ci qui a sombré!"

Il ne s'en ira pas, il ne redescendra pas d'un ciel, il n'accomplira pas la rédemption des colères de femmes et des gaîtés des hommes et de tout ce péché: car c'est fait, lui étant, et étant aimé.

Ô ses souffles, ses têtes, ses courses; la terrible célérité de la perfection des formes et de l'action.

Ô fécondité de l'esprit et immensité de l'univers!

Son corps! Le dégagement rêvé, le brisement de la grâce croisée de violence nouvelle!

Sa vue, sa vue! tous les agenouillages anciens et les peines *relevés* à sa suite.

Son jour! l'abolition de toutes souffrances sonores et mouvantes dans la musique plus intense.

Son pas! les migrations plus énormes que les anciennes invasions.

Gênio

Ele é a afeição e o presente já que fez a casa aberta ao inverno espumoso e ao rumor do verão, — ele que purificou as bebidas e os alimentos —, ele que é o encanto dos lugares fugidios e a delícia sobre-humana das pausas. — Ele é a afeição e o futuro, a força e o amor que nós, diante de raivas e tédios, nós vemos passar no céu de tempestade e bandeiras de êxtase.

Ele é o amor, medida perfeita e reinventada, razão maravilhosa e imprevista, e a eternidade: amada máquina das qualidades fatais. Todos tivemos pavor de sua concessão e da nossa: ó gozo de nossa saúde, impulso de nossas faculdades, afeição egoísta e paixão por ele, — ele que nos ama por sua vida infinita...

E nos lembramos dele e ele viaja... E se a Adoração se vai, soa, sua promessa soa: "Chega dessas superstições, desses antigos corpos, desses casais e desses tempos. Foi esta época que afundou!"

Ele não se irá, não descerá de novo de um céu, não realizará a redenção das cóleras de mulheres e das alegrias dos homens e de todo esse pecado; pois está feito, com ele sendo, e sendo amado.

Ó suas respirações, suas cabeças, suas corridas; a terrível celeridade da perfeição das formas e da ação.

Ó fecundidade do espírito e imensidão do universo!

Seu corpo! A liberação sonhada, o destroçamento da graça perpassada por nova violência!

Sua vista, sua vista! todas as genuflexões antigas e as penas *suspensas* após sua passagem.

Seu dia! a abolição de todos os sofrimentos sonoros e instáveis na música mais intensa.

Seu passo! as migrações mais vastas que as antigas invasões.

Ô Lui et nous! l'orgueil plus bienveillant que les charités perdues.

Ô monde! et le chant clair des malheurs nouveaux!

Il nous a connus tous et nous a tous aimés. Sachons, cette nuit d'hiver, de cap en cap, du pôle tumultueux au château, de la foule à la plage, de regards en regards, forces et sentiments las, le héler et le voir, et le renvoyer, et sous les marées et au haut des déserts de neige, suivre ses vues, — ses souffles — son corps — son jour.

Ó Ele e nós! o orgulho mais benevolente que as caridades perdidas.

Ó mundo! e o canto claro dos infortúnios novos!

Ele nos conheceu todos e nos amou a nós todos. Saibamos, nesta noite de inverno, de um extremo a outro, do polo tumultuoso ao castelo, da multidão à praia, de olhares em olhares, forças e sentimentos exaustos, chamá-lo e vê-lo, e mandá-lo embora, e, sob as marés e no alto dos desertos de neve, seguir suas vistas, — suas respirações — seu corpo — seu dia.

Jeunesse

I
Dimanche

Les calculs de côté, l'inévitable descente du ciel, et la visite des souvenirs et la séance des rythmes occupent la demeure, la tête et le monde de l'esprit.

— Un cheval détale sur le turf suburbain, et le long des cultures et des boisements, percé par la peste carbonique. Une misérable femme de drame, quelque part dans le monde, soupire après des abandons improbables. Les desperadoes languissent après l'orage, l'ivresse et les blessures. De petits enfants étouffent des malédictions le long des rivières. —

Reprenons l'étude au bruit de l'œuvre dévorante qui se rassemble et remonte dans les masses.

II
Sonnet

Homme de constitution ordinaire, la chair
n'était-elle pas un fruit pendu dans le verger, — ô
journées enfantes! — le corps un trésor à prodiguer; — ô
aimer, le péril ou la force de Psyché? La terre
avait des versants fertiles en princes et en artistes,
et la descendance et la race vous poussaient aux
crimes et aux deuils: le monde votre fortune et votre
péril. Mais à présent, ce labeur comblé, toi, tes calculs,
— toi, tes impatiences — ne sont plus que votre danse et
votre voix, non fixées et point forcées, quoique d'un double
événement d'invention et de succès + une raison,
— en l'humanité fraternelle et discrète par l'univers   ›

Juventude

I
Domingo

Os cálculos postos de lado, a inevitável descida do céu, a visita das lembranças e a sessão dos ritmos ocupam a residência, a cabeça e o mundo do espírito.

— Um cavalo escapole pelo turfe suburbano e ao longo das plantações e de novas florestas, atingido pela peste carbônica. Uma pobre mulher de drama, em alguma parte do mundo, suspira após abandonos improváveis. Os desperadoes almejam a tempestade, a embriaguez e os machucados. Crianças pequenas sufocam maldições ao longo dos rios. —

Retomemos o estudo ao ruído da obra devoradora que se forma e surge nas massas.

II
Soneto

Homem de constituição comum, a carne
não era um fruto pendurado no pomar, — ó
dias infantis! — o corpo um tesouro a prodigar; — ó
amar, o perigo ou a força de Psiquê? A terra
tinha vertentes férteis em príncipes e em artistas,
e a descendência e a raça vos levavam aos
crimes e aos lutos: o mundo vossa fortuna e vosso
perigo. Mas agora, realizado esse trabalho; tu, teus cálculos,
— tu, tuas impaciências — não passam de vossa dança e
vossa voz, não fixadas e não forçadas, embora de um duplo
acontecimento de invenção e de sucesso + uma razão,
— na humanidade fraterna e discreta pelo universo ›

sans images; — la force et le droit réfléchissent la danse et la voix à présent seulement appréciées.

III

Vingt ans

Les voix instructives exilées... L'ingénuité physique amèrement rassise... — Adagio — Ah! l'égoïsme infini de l'adolescence, l'optimisme studieux: que le monde était plein de fleurs cet été! Les airs et les formes mourant... — Un chœur, pour calmer l'impuissance et l'absence! Un chœur de verres, de mélodies nocturnes... En effet les nerfs vont vite chasser.

IV

Tu en es encore à la tentation d'Antoine. L'ébat du zèle écourté, les tics d'orgueil puéril, l'affaissement et l'effroi.

Mais tu te mettras à ce travail: toutes les possibilités harmoniques et architecturales s'émouvront autour de ton siège. Des êtres parfaits, imprévus, s'offriront à tes expériences. Dans tes environs affluera rêveusement la curiosité d'anciennes foules et de luxes oisifs. Ta mémoire et tes sens ne seront que la nourriture de ton impulsion créatrice. Quant au monde, quand tu sortiras, que sera-t-il devenu? En tout cas, rien des apparences actuelles.

sem imagens; — a força e o direito refletem
a dança e a voz só agora apreciadas.

III

Vinte anos

As vozes instrutivas exiladas... A ingenuidade física amargamente acalmada... — Adagio — Ah! o egoísmo infinito da adolescência, o otimismo estudioso: como o mundo estava cheio de flores neste verão! As canções e as formas que vão morrendo... Um coro, para acalmar a impotência e a ausência! Um coro de copos, de melodias noturnas... De fato, os nervos logo estarão descontrolados.

IV

Estás ainda na tentação de Antão. A folgança do zelo reduzido, os tiques de orgulho pueril, a prostração e o terror.

Mas tu te ocuparás deste trabalho: todas as possibilidades harmônicas e arquiteturais se moverão em torno de tua cadeira. Seres perfeitos, imprevistos, vão oferecer-se para tuas experiências. Para tua vizinhança afluirá sonhadoramente a curiosidade por antigas multidões e luxos ociosos. Tua memória e teus sentidos serão apenas o alimento de teu impulso criador. Quanto ao mundo, quando partires o que ele se terá tornado? Em todo caso, nada das aparências atuais.

Solde

À vendre ce que les juifs n'ont pas vendu, ce que noblesse ni crime n'ont goûté, ce qu'ignorent l'amour maudit et la probité infernale des masses: ce que le temps ni la science n'ont pas à reconnaître;

Les Voix reconstituées; l'éveil fraternel de toutes les énergies chorales et orchestrales et leurs applications instantanées; l'occasion, unique, de dégager nos sens!

À vendre les Corps sans prix, hors de toute race, de tout monde, de tout sexe, de toute descendance! Les richesses jaillissant à chaque démarche! Solde de diamants sans contrôle!

À vendre l'anarchie pour les masses; la satisfaction irrépressible pour les amateurs supérieurs; la mort atroce pour les fidèles et les amants!

À vendre les habitations et les migrations, sports, féeries et conforts parfaits, et le bruit, le mouvement et l'avenir qu'ils font!

À vendre les applications de calcul et les sauts d'harmonie inouïs. Les trouvailles et les termes non soupçonnés, possession immédiate,

Élan insensé et infini aux splendeurs invisibles, aux délices insensibles, — et ses secrets affolants pour chaque vice — et sa gaîté effrayante pour la foule —

À vendre les Corps, les voix, l'immense opulence inquestionable, ce qu'on ne vendra jamais. Les vendeurs ne sont pas à bout de solde! Les voyageurs n'ont pas à rendre leur commission de si tôt!

Liquidação

À venda o que os judeus não venderam, o que nem nobreza nem crime provaram, o que é ignorado pelo amor maldito e pela probidade infernal das massas: o que nem tempo nem ciência têm de reconhecer;

As Vozes reconstituídas; o despertar fraterno de todas as energias corais e orquestrais e suas aplicações instantâneas; a ocasião, única, de liberar nossos sentidos!

À venda os Corpos sem preço, fora de qualquer raça, de qualquer mundo, de qualquer sexo, de qualquer descendência! As riquezas brotando a cada passo! Liquidação sem controle de diamantes!

À venda a anarquia para as massas; a satisfação irrefreável para os apreciadores superiores; a morte atroz para os fiéis e os amantes!

À venda as habitações e as migrações, esportes, espetáculos mágicos e confortos perfeitos, e o barulho, o movimento e o futuro que criam!

À venda as aplicações de cálculo e os inauditos saltos de harmonia. Os achados e os termos insuspeitos, posse imediata,

Impulso insensato e infinito para esplendores invisíveis, para delícias insensíveis, — e seus segredos enlouquecedores para cada vício — e sua alegria assustadora para a multidão —

À venda os Corpos, as vozes, a imensa opulência inquestionável, o que nunca será vendido. Os vendedores não estão no fim da liquidação! Os viajantes não têm de dar sua comissão tão de imediato!

Rascunhos de *Um tempo no inferno*

Sim, é um vício que tenho, que para e que segue comigo, e, meu peito aberto, eu veria um horrível coração enfermo. Em minha infância, ouço as raízes de sofrimento lançado a meu lado; hoje ele cresceu em direção ao céu, está bem mais forte que eu, me bate, me arrasta, me joga no chão.

Está dito. —

Então renegar a alegria, evitar o dever, não [...] ao mundo minha aversão e minhas traições superiores [...] a última inocência, a última timidez.

Em frente, a marcha! o deserto, o fardo, os golpes, a desventura, o tédio, a cólera. — o inferno, a ciência e as delícias do espírito e dos sentidos dispersos.

A que demônio me alugar? Que animal é preciso adorar? Em que sangue há que se andar? Que gritos há que lançar? Que mentira há que sustentar? Que santa imagem há que atacar? Que corações há que destruir?

Antes, evitar a [estúpida justiça] da morte, eu ouviria as lamentações cantadas outrora nas feiras. Nada de popularidade, a vida dura, o embrutecimento puro —, e depois levantar com um punho seco a tampa do caixão, sentar e sufocar-se. Nada de velhice. Nada de perigos, o terror não é francês.

Ah! Estou tão abandonado que ofereço a não importa qual divina imagem impulsos em direção à perfeição. Outra negociação grotesca.

Ó minha abnegação, ó minha caridade inauditas. De profundis, domine! sou tolo?

Chega. Eis a punição! Nada mais a falar sobre inocência. A caminho. Ó! As costas se arrebentam, o coração ruge, o peito arde, a cabeça explode, a noite rola nos olhos, ao Sol. Aonde se vai? Para a batalha? Ah! meu amigo, minha suja juventude! Vai... vai, os outros avançam os altares, as armas. Ó! ó. É a fraqueza, é a tolice, eu! Vamos, fogo sobre mim. Ou eu me rendo! Que me firam, jogo-me de cara no chão, pisoteado pelas patas dos cavalos. Ah! Vou habituar-me a isso. Ah isso, eu levaria a vida francesa, e seguiria o caminho da honra.

Falsa conversão

Dia de infelicidade! Traguei um bom gole de veneno. A raiva do desespero arrebata-me contra tudo [:] a natureza, os objetos, eu, que quero dilacerar. Três vezes abençoado seja o conselho que me chegou. Minhas entranhas me ardem [,] a violência do veneno contorce meus membros, torna-me disforme, morro de sede. Sufoco. Não posso gritar. É o inferno [,] a eternidade da pena. Eis como o fogo cresce. Vai [de]mônio, atiça-o. Ardo como tem de ser. É [um] bom inferno, um belo e bom [inferno]...

Eu tinha entrevisto a conversão, o bem, a felicidade, a salvação. Posso eu descrever a visão, não se é poeta no inferno. Eram milhares de óperas encantadoras, um admirável concerto espiritual, a força e a paz, as nobres ambições, que sei!

Ah! as nobres ambições! meu ódio. É a existência furiosa: a cólera no sangue, o embrutecimento, e ainda é a vida! Se a danação é eterna. É a execução das leis religiosas, por que se semeou uma fé semelhante em meu espírito. Meus pais fizeram minha infelicidade, e a deles, o que pouco me importa. Abusaram de minha inocência. Ó! A ideia do batismo. Há os que o viveram mal, que vivem mal, e que nada sentem! É meu batismo e minha fraqueza de que sou escravo. Ainda é a vida! Mais tarde, as delícias da danação serão mais profundas. Reconheço a danação. Um homem que quer mutilar-se está condenado não é. Julgo-me no inferno portanto nele estou. Um crime, rápido, que eu caia no nada, pela lei dos homens.

Cala-te mas cala-te! É a vergonha e a reprovação a meu lado; é Satã que me diz que seu fogo é ignóbil, idiota; e que minha cólera é terrivelmente feia. Chega. Cala-te! são erros que me sopram ao ouvido [,] as magia[s], as alquimias, os misticismos, os perfumes falsos, as músicas ingênuas. É Satã que se encarrega disso. Então os poetas são condenados. Não não é isso.

E dizer que detenho a verdade. Que tenho um juízo são e definido a propósito de tudo, que estou inteiramente pronto para a perfeição. É o orgulho! agora. Não passo de um boneco de madeira, a pele de minha cabeça se resseca. Ó! meu Deus! meu Deus. Tenho medo, piedade. Ah! tenho sede, ó minha infância, minha aldeia, os prados, o lago na areia, o luar quando o campanário soava as doze. Satã está no campanário. Como me torno tolo. Ó Maria, Santa virgem, falso sentimento, falsa reza.

[Alquimia do verbo]
Fragmento Rº

Enfim meu espírito se tornou [...................................]
de [Londres ou de Pequim ou Ber] [.........................]
que desaparece [...............] sobre [..........................]
o regozijo popular. [Eis] [.......................................]
pequenos [...]
Eu teria desejado o deserto tempestuoso de [meu campo]
Adorei as bebidas amornadas, as lojas decaídas, os pomares queimados. Eu ficava longas horas com a língua para fora, como os animais cansados, arrastava-me pelas ruelas

fedorentas e, com os olhos fechados, eu me oferecia ao Deus de fogo, que ele me derrubasse General, rei, dizia eu, se resta um velho canhão em tuas muralhas que desabam, bombardeia os homens com pedaços de terra seca. Nos vidros das lojas esplêndidas! Nas salas frescas! [...............Faça] a cidade comer sua poeira! Oxide gárgulas. Na hora encha as alcovas com areia ardente de rubis.

[—] eu [—] quebrava pedras nas estradas varridas sempre. O sol soberano dardejava uma merda, no vale, no centro da terra, o mosquito embriagado no mictório da hospedaria isolada, apaixonado pela borragem, e desfeito ao Sol.

Fome

Refleti sobre a felicidade dos animais as lagartas eram as multidões, sucessão [de] pequenos corpos brancos dos limbos: a aranha fazia a sombra romântica invadida pelo alvorecer opala; o percevejo, morena pessoa, esperava que os outros se apaixonassem. Feliz a toupeira, sono de toda a Virgindade!

Eu me afastava do contato. Espantosa virgindade, de a escrever com uma espécie de romança.

Canção da mais alta torre

Julguei ter encontrado razão e felicidade. Eu afastava o céu, o azul, que é negro, e vivia, faísca de ouro da luz *natural*. Era muito sério. Exprimi o mais tolamente.

Eternidade

De alegria, tornei-me uma ópera fabulosa. Idade de ouro. Era minha vida eterna, não escrita, não cantada —, algo como a Providência, as leis do mundo, a essência em que se crê e que não canta.

Depois desses nobres minutos, estupidez completa. Vi uma fatalidade de felicidade em todos os seres: a ação não passava de um modo de estragar uma saciedade de vida; um acaso sinistro e suave, um enervamento, vaguear. A moral era a fraqueza dos miolos.

Fragmento V

[................] seres e todas as coisas me surgem [................]
outras vidas em torno delas. Esse senhor [................] um anjo.
Essa família não é [................] [................]. Com vários homens
[................] momento de uma de suas outras vidas [................]
história mais de princípios. Nenhum dos sofismas [................]
a loucura aprisionada. Eu poderia redizê-los todos, e outros e muitos outros, e outros. Sei o sistema. Eu não sentia mais nada. Mas agora, não tentaria fazer-me escutar.

Um mês desse exercício: minha saúde foi ameaçada. Eu tinha outra coisa para fazer além de viver. As alucinações sendo mais vivas, o terror vinha! Eu dormia vários dias, e, de pé, continuava os sonhos mais tristes, perdido por toda parte.

Memória

Eu me via maduro para a morte e minha fraqueza me arrastava até os confins do mundo e da vida, onde o turbilhão na Ciméria negra; pátria dos mortos, onde um grande [................] uma estrada de perigos, deixou quase toda a alma aos pavores. Confins do mundo.

Viajei um pouco. Fui ao norte: fechei meu cérebro. Quis reconhecer ali todos os meus odores feudais, pastoras, fontes selvagens. Eu gostava do mar [homem sem importância], isolar os princípios, o anel mágico na água luminosa como se ela devesse lavar-me [de uma] sujeira, eu via a cruz consoladora. Eu tinha sido condenado pelo arco-íris e as magias religiosas; e para a Felicidade, minha fatalidade, meu verme, e quem.

Embora o mundo me parecesse muito novo, a mim que tinha levantado todas as impressões possíveis: fazendo minha vida por demais imensa para gostar [bem realmente] da força e da beleza.

Nas maiores cidades, ao alvorecer, ad matutinum, no Christus venit, quando para os homens fortes o Cristo vem, seu dente, amável na morte, me avisava com o canto do galo. Felicidade. Tão fraco, não me julguei mais suportável na sociedade, a não ser à força de benevolência. Que claustro possível para esse belo desgosto? Tudo isso se passou pouco a pouco.

Odeio agora os impulsos místicos e as esquisitices de estilo.

Agora posso dizer que a arte é uma tolice. [Nossos grandes poetas] arte tão fácil: a arte é uma tolice.

Saudação à bond

Prosas evangélicas

Em Samaria, vários manifestaram sua fé nele. Ele não os viu. Samaria [orgulhava-se] a nova rica, [a pérfida], a egoísta, mais rígida observadora de sua lei protestante que Judá das tábuas antigas. Ali a riqueza universal permitia bem pouca discussão esclarecida. O sofisma, escravo e soldado da rotina, já havia ali, depois de os lisonjear, degolado vários profetas.

Era uma fala sinistra, a da mulher na fonte: "Sois profeta, sabeis o que fiz".

As mulheres e os homens acreditavam nos profetas. Agora se acredita no homem de estado.

A dois passos da cidade estrangeira, incapaz de ameaçá-la materialmente, se fosse tomado como profeta, já que se mostrara ali tão estranho, que teria feito?

Jesus nada pôde dizer em Samaria.

*

O ar leve e encantador da Galileia: os habitantes receberam-no com uma alegria curiosa: tinham-no visto, tomado pela santa cólera, chicotear os cambistas e negociantes de animais do templo. Milagre da juventude pálida e furiosa, acreditavam eles.

Ele sentiu sua mão nas mãos carregadas de anéis e na boca de um oficial. O oficial estava de joelhos na poeira: e sua cabeça era bastante vistosa, embora meio calva.

Os veículos corriam pelas estreitas ruas [da cidade]; um movimento, bem grande para essa aldeia; tudo parecia dever estar muito contente nessa noite.

Jesus retirou sua mão: teve um movimento de orgulho infantil e feminino. "Vocês aí, se não virem [mesmo] milagres, vocês não acreditam mesmo."

Jesus ainda não havia feito milagres. Num casamento, numa sala de refeições verde e rosa, ele havia falado um pouco rispidamente à Virgem Santa. E ninguém havia falado do vinho de Caná em Cafarnaum, nem no mercado, nem nos cais. Os burgueses talvez.

Jesus disse: "Vai, teu filho está bem". O oficial foi embora, como se leva alguma farmácia leve, e Jesus continuou pelas ruas menos frequentadas. Campânulas [laranja], borragens mostravam sua luz mágica entre as pedras do calçamento. Por fim, ele viu ao longe a pradaria poeirenta, e os botões de ouro e as margaridas que pediam misericórdia ao dia.

*

Betsaida, a piscina das cinco galerias, era um ponto de tédio. Parecia que fora um sinistro lavadouro, sempre sucumbido à chuva e escuridão; e os mendigos que se agitavam nos degraus internos: — empalidecidos por esses clarões de tempestades precursores dos relâmpagos infernais, brincando com seus olhos azuis cegos, com as roupas brancas ou azuis que cobriam seus cotos. Ó lavanderia militar, ó banho popular. A água era sempre negra, e nenhum enfermo caía nela nem mesmo em sonho.

Foi ali que Jesus realizou a primeira ação grave, com os infames enfermos. Havia um dia, de fevereiro, março ou abril, em que o sol de duas horas da tarde deixava exibir-se uma grande foice de luz sobre a água amortalhada, e como ali, distante atrás dos enfermos, eu teria podido ver tudo o que esse raio apenas despertava de brotos e de cristais e de vermes, nesse reflexo, semelhante a um anjo branco deitado de lado, todos os reflexos infinitamente pálidos mexiam-se.

Todos os pecados, filhos inconsequentes e tenazes do demônio que, para os corações um pouco sensíveis, tornavam esses homens mais assustadores que os monstros, queriam jogar-se nessa água. Os enfermos desciam, não mais zombando; mas com inveja. Os primeiros a entrar saíam curados, dizia-se. Não. Os pecados lançavam-nos de volta aos degraus, e os forçavam a buscar outros lugares: pois seu Demônio só pode ficar nos lugares onde a esmola é garantida.

[Um sinal vosso, ó vontade divina] [*o resto da frase é ilegível*] Jesus entrou logo depois do meio-dia. Ninguém lavava animais nem lhes dava de beber. A luz na piscina era amarela como as últimas folhas das vinhas. O divino mestre apoiava-se a uma coluna: olhava os filhos do Pecado; o demônio punha a língua para fora na língua deles; e ria ou [...].

O Paralítico, que tinha ficado deitado de lado, levantou-se, atravessou a galeria e foi com um passo singularmente decidido que eles, os Condenados, o viram atravessar a galeria e desaparecer na cidade.

Os desertos do amor

Advertência

Estes são os escritos de um jovem, um *homem* bem jovem, cuja vida se desenvolveu não importa onde: sem mãe, sem país, despreocupado de tudo o que se conhece, fugindo de toda força moral, como já ocorreu com vários jovens lastimáveis. Mas ele, tão entediado e tão perturbado, só fez levar-se à morte como a um pudor terrível e fatal. Como não amou mulheres, — embora cheio de sangue! — teve sua alma e seu coração, toda sua força, sublimados em erros estranhos e tristes. Dos sonhos a seguir, — seus amores! — que lhe vieram em suas camas ou nas ruas, e de sua sequência e seu fim, suaves considerações religiosas se depreendem. Talvez se possa lembrar o sono contínuo dos maometanos legendários, — intrépidos no entanto e circuncidados! Todavia, como esse estranho sofrimento tem uma autoridade inquietante, é preciso sinceramente desejar que essa Alma, perdida entre nós todos, e que quer a morte, assim parece, encontre nesse instante consolos sérios e seja digna!

A. Rimbaud

[I]

É com certeza o mesmo campo. A mesma casa rústica de meus pais: a sala mesmo onde acima das portas estão cenas bucólicas ruças, com armas e leões. No jantar, há um salão com velas e vinhos e revestimento de madeira rústico. A mesa de refeições é muito grande. As empregadas! Eram várias, tanto quanto me lembro. — Estava ali um de meus jovens amigos antigos, padre e vestido de padre, agora: era para ser mais livre. Lembro-me de seu quarto de vermelho escuro, com papel amarelo nas janelas; e seus livros, escondidos, que haviam se encharcado no oceano! Quanto a mim, estava abandonado, nessa casa de campo sem fim: lendo na cozinha, secando a lama de minhas roupas diante dos anfitriões, nas conversas da sala: emocionado até a morte pelo murmúrio do leite matinal e da noite do século passado. Eu estava num quarto muito escuro: o que estava fazendo? Uma empregada veio para perto de mim: posso dizer que era um cachorrinho: embora fosse bonita, e de nobreza maternal inexprimível para mim: pura, conhecida, completamente encantadora! Ela me beliscou o braço.

Nem me lembro bem de seu rosto: não é para me lembrar de seu braço, cuja pele rolei com dois dedos: nem sua boca, de que a minha se apoderou como uma pequena onda desesperada, minando sem fim alguma coisa. Derrubei-a em uma cesta de almofadas e panos de velas de navio, num canto bem escuro. Só me lembro de sua roupa de baixo com rendas brancas. — Depois, ó desespero, a parede tornou-se vagamente a sombra das árvores; e me despenhei na tristeza amorosa da noite.

[II]

Desta vez, foi a Mulher que vi na Cidade, e com quem falei e que me fala.

Eu estava num quarto sem luz. Vieram dizer-me que ela estava em minha casa: e a vi em minha cama, inteiramente minha, sem luz. Fiquei muito emocionado, e muito porque era a casa da família: assim uma aflição tomou-me: eu estava em farrapos, eu, e ela, mundana, que se dava, era preciso que ela fosse embora! Uma aflição sem nome: tomei-a, e a deixei cair da cama, quase nua; e, em minha fraqueza indizível, caí sobre ela e me arrastei com ela entre os tapetes, sem luz. A luminária da família avermelhava um após o outro os quartos vizinhos. A mulher então desapareceu. Derramei mais lágrimas do que Deus já pôde pedir. Saí pela cidade sem fim. Ó Cansaço! Afundado na noite surda e na fuga da felicidade. Era como uma noite de inverno com uma neve para sufocar o mundo decididamente. Os amigos a que eu gritava: onde ela está, respondiam falsamente. Estive diante das vidraças do lugar onde ela vai todas as noites: eu corria por um jardim amortalhado. Rejeitaram-me. Por tudo isso, chorava muito. Enfim desci a um lugar cheio de poeira, e sentado num dos madeiramentos, deixei acabar todas as lágrimas de meu corpo com essa noite. — E meu esgotamento no entanto sempre me voltava.

Compreendi que ela estava em sua vida de todos os dias, e que a disposição para a bondade demoraria mais a se reproduzir que uma estrela. Ela não voltou, e não voltará jamais, a Adorável que foi a minha casa, — o que eu jamais teria presumido. — Verdade, desta vez chorei mais que todas as crianças do mundo.

Cartas do vidente

Carta a Georges Izambard

Charleville, [13] de maio de 1871

Caro Senhor!

Eis o senhor de novo como professor. Temos uma obrigação para com a Sociedade, o senhor me disse; o senhor faz parte dos corpos de ensino: o senhor segue pelo bom caminho. — Eu também, sigo o princípio: faço cinicamente com que eu seja *mantido*; desenterro antigos imbecis de colégio: tudo o que posso inventar de tolo, de sujo, de mau, em ação e em palavras, dou a eles: pagam-me em cerveja e vinho — Stat mater dolorosa, dum pendet filius, — Tenho obrigação para com a Sociedade, é certo, — e tenho razão. — O senhor também, o senhor tem razão, quanto a hoje. No fundo, o senhor só vê em seu princípio poesia subjetiva: sua obstinação em retomar o caminho universitário, — perdão! — o prova! Mas o senhor acabará sempre como um satisfeito que nada fez, já que nada quis fazer. Sem contar que sua poesia subjetiva será sempre horrivelmente insípida. Um dia, espero, — muitos outros esperam a mesma coisa, — verei em seu princípio a poesia objetiva, eu a verei mais sinceramente do que o senhor o faria! — Serei um Trabalhador: esta é a ideia que me retém, quando as cóleras loucas me levam para a batalha de Paris, — onde tantos trabalhadores ainda morrem, no entanto, enquanto lhe escrevo! Trabalhar agora, nunca, nunca; estou em greve.

Agora me entrego o máximo possível à libertinagem. Por quê? Quero ser poeta, e trabalho para me tornar *vidente*: o senhor não compreenderá, e quase não teria como lhe explicar isso. Trata-se de chegar ao desconhecido pelo desregramento de *todos os sentidos*. Os sofrimentos são enormes, mas é preciso ser forte, ter nascido poeta, e me reconheci poeta. Não é culpa minha. É falso dizer: Penso: isso é o que se deveria dizer: Pensam-me. — Desculpe o jogo de palavras. —

Eu é um outro. Pior para a madeira que se descobre como violino, e que se danem os inconscientes, que deitam falação sobre o que ignoram por completo! O senhor para mim não é Professor. Eu lhe dou isto: será uma sátira, como o senhor diria? Será poesia? É sempre fantasia. — Mas, eu lhe suplico, não sublinhe nem com lápis, nem com muito pensamento:

O coração supliciado

Meu triste coração baba na popa...
Esse coração cheio de tabaco!
O pessoal lhe joga jatos de sopa,
Meu triste coração baba na popa...
Debaixo das piadas de toda a tropa
Que cai no escárnio geral e velhaco,
Meu triste coração baba na popa,
Esse coração cheio de tabaco!

Itifálicos e soldadinhescos
Seus insultos depravaram seu alvo;
À tarde, postam-se como em afrescos
Itifálicos e soldadinhescos;
Ó vagalhões abracadabrantescos,
Levem-me o coração, que seja salvo!
Itifálicos e soldadinhescos,
Seus insultos depravaram seu alvo.

Quando acabarem de mascar o fumo,
Como agir, triste coração roubado?
Virão refrões báquicos, eu presumo,   ›

Quando acabarem de mascar o fumo,
Terei enjoos de ficar sem prumo
Se meu coração está devastado!
Quando acabarem de mascar o fumo,
Como agir, triste coração roubado?

Isto quer dizer alguma coisa. — *Responda-me*: aos cuidados
do Senhor Deverrière, para A. R.
Saudações, de coração.

Art. Rimbaud

Carta a Paul Demeny

Charleville, 15 de maio de 1871

Resolvi dar-lhe uma hora de literatura nova; começo de imediato por um salmo de atualidade:

Canto de guerra parisiense

A Primavera veio se instalar,
Pois do âmago das verdes Propriedades,
O voo de Thiers e de Picard
Tem abertas viçosas qualidades!

Ó Maio! Que de Amores delirantes!
Que Sèvres, Meudon, Bagneux, Asnières
Escutem os bem-vindos, incessantes,
Essas coisas primaveris verter!

Eles têm quepe, sabre e um tambor,
Não velha caixa com velas guardadas;
E ioles que nun nun nunca... Seguem por
Um lago com águas avermelhadas!

Mais que nunca só fazemos farrear
Quando vêm por sobre nossas moradas
Amarelos cabuchões desabar
Ao longo de auroras inusitadas!

Thiers e Picard são uns Eros, ou
Raptores de heliotrópios, e fazendo
Com chamas do petróleo uns Corots:
Seus tropos vão besouros recolhendo...

São chegados ao Grande Truque!... O astuto
Favre nos gladíolos se adormenta,
Bate cílios que lembram aqueduto.
E solta seus espirros de pimenta!

A Grande Cidade tem o chão quente,
Mesmo com petróleo em ducha a jorrar,
E precisamos decididamente
Nos papéis deles os sacolejar

E os Rurais que ficam descansando
Em demorados adormentamentos,
Ouvirão ramos que se vão quebrando
Entre embates vermelhos e cruentos!

— Aqui está alguma prosa sobre o futuro da poesia — Toda poesia antiga culminou na poesia grega; Vida harmoniosa. — Da Grécia ao movimento romântico, — idade média, — há letrados, versificadores. De Ênio a Teroldo, de Teroldo a Casimir Delavigne, tudo é prosa rimada, um jogo, desfiguração e glória de inúmeras gerações idiotas: Racine é o puro, o forte, o grande. — Caso suas rimas tivessem sido desfeitas, seus hemistíquios tivessem sido misturados, o Divino Tolo seria hoje tão ignorado quanto um autor qualquer de Origens. — Depois de Racine, o jogo fica mofado. Durou dois mil anos!

Nem brincadeira, nem paradoxo. A razão inspira-me mais certezas sobre o tema do que as cóleras que um jovem-França teria tido. De resto, livres são os *novos*! para execrar os ancestrais: estamos em casa e temos tempo.

Nunca se julgou bem o romantismo; quem o teria julgado? Os críticos!! Os românticos, que provam tão bem que a canção é com bem pouca frequência a obra, isto é, o pensamento cantado e *compreendido* pelo cantor?

Pois Eu é um outro. Se o cobre acorda como clarim, não há nenhum erro de sua parte. Isso é evidente para mim: assisto à eclosão de meu pensamento: eu o olho, eu o escuto: faço um movimento com o arco: a sinfonia faz sua agitação nas profundezas, ou dá um salto para a cena.

Se os velhos imbecis não tivessem encontrado do eu apenas a significação falsa, não teríamos de varrer esses milhões de esqueletos que, há um tempo infinito,! acumularam produtos de sua inteligência caolha, clamando-se autores!

Na Grécia, eu já disse, versos e liras *ritmam a Ação*. Em seguida, música e rimas tornam-se jogos, passatempos. O estudo desse passado encanta os curiosos: muitos têm prazer em renovar essas antiguidades: — isso é para eles. A inteligência universal sempre lançou suas ideias, naturalmente; os homens recolhiam uma parte desses frutos do cérebro: agia-se por conta disso, escreviam-se livros com isso: assim seguia a marcha, com o homem sem trabalhar a si mesmo, sem ainda ter despertado, ou ainda não na plenitude do grande sonho. Funcionários, escritores: autor, criador, poeta, esse homem jamais existiu!

O primeiro estudo para o homem que quer ser poeta é o de seu próprio conhecimento, inteiro: ele busca sua alma, ele a inspeciona, ele a tenta, a aprende. Desde que a conheça, deve cultivá-la; isso parece simples: em todo cérebro realiza-se um desenvolvimento natural; tantos *egoístas* se proclamam autores; há muitos outros que atribuem a eles mesmos seu progresso intelectual! — Mas é preciso tornar a alma monstruosa: a exemplo dos comprachicos, é isso! Imagine um homem implantando e cultivando verrugas no rosto.

Digo que é preciso ser *vidente*, fazer-se *vidente*.

O Poeta faz-se *vidente* por um longo, imenso e pensado *desregramento* de *todos os sentidos*. Todas as formas de amor, de sofrimento, de loucura; ele busca a si mesmo, esgota em si todos os venenos, para deles só guardar as quintessências. Inefável tortura em que ele tem necessidade de toda a fé, de toda a força sobre-humana, em que se torna entre todos o grande doente, o grande criminoso, o grande maldito, — e o supremo Sábio! — Pois chega ao *desconhecido*! Uma vez que cultivou sua alma, já rica, mais que ninguém! Chega ao *desconhecido*, e quando, enlouquecido, acabaria por perder a inteligência de suas visões, ele as viu! Que se arrebente em seu salto pelas coisas inauditas e inomináveis: virão outros horríveis trabalhadores; começarão pelos horizontes onde o outro se derruiu!

— A continuação em seis minutos —

Aqui intercalo um segundo salmo, *fora do texto*: queira emprestar um ouvido complacente, — e todo o mundo ficará encantado. — Tenho o arco na mão, começo:

Minhas namoradinhas

Colírio lacrimal acaba
    Lavando os verdes céus:
Sob árvore a brotar que baba,
    Esses vossos mantéus

Brancos de luas negaceiras
    Com carnes copiosas,
Entrechocai vossas joelheiras
    Ó as minhas feiosas!

Amamo-nos nos tempos idos,
    Azul assim feiosa!
Comíamos ovos cozidos
    E alface airosa!

Sagrastes-me, uma noite, poeta,
    Minha feiosa loura: ›

Vem, pra que o chicote eu te meta,
  No colo, já, agora;

Vomitei tua gomalina,
  Negra feiosa, besta;
Cortarias minha mandolina
  Bem no fio da testa.

Seca, minha saliva matreira,
  Feiosa ruiva, então
Infecta ainda a trincheira
  Desse teu bom peitão!

Essas minhas namoradinhas
  Como eu as odeio
Dai porradas doloridinhas
  Nesse peito assim feio

Pisai minhas velhas terrinas
  De muito sentimento
— Que sejais minhas bailarinas
  Ao menos um momento!...

Vossas omoplatas se arrancam
  Quase, ó tão inquietas,
Com estrela nas ancas que mancam,
  Fazei vossas piruetas!

No entanto por essas potrancas
  Foi que sempre rimei!
Queria quebrar-vos as ancas
  Pois mesmo vos amei!

Tantas estrelas fracassadas
Ide por todos lados!
Morrereis em Deus, carregadas
De ignóbeis cuidados!

Sob essas luas negaceiras
Com carnes copiosas,
Entrechocai vossas joelheiras
Ó as minhas feiosas!

A. R.

Aí está. E observe que, se eu não temesse fazer o senhor desembolsar mais de 60 cêntimos de postagem, — eu pobre sobressaltado que nos últimos sete meses não vi um só centavo! — eu lhe enviaria ainda meus *Amantes de Paris*, cem hexâmetros, senhor, e minha *Morte de Paris*, duzentos hexâmetros! —
Prossigo:
Então o poeta é efetivamente ladrão de fogo.
É responsável pela humanidade, até mesmo pelos *animais*; deverá fazer com que suas invenções sejam sentidas, apalpadas, escutadas; se o que ele traz *de lá* tem forma, ele dá forma; se é informe, ele dá o informe. Encontrar uma língua;
— De resto, como toda palavra é ideia, o tempo de uma linguagem universal há de vir! É preciso ser acadêmico, — mais morto que um fóssil, — para concluir um dicionário, de qualquer língua que seja. Simplórios iriam por-se *a pensar* sobre a primeira letra do alfabeto, e rapidamente poderiam lançar-se na loucura! —
Essa língua será da alma para a alma, resumindo tudo, perfumes, sons, cores, pensamento agarrando o pensamento e puxando. O poeta definiria a quantidade de desconhecido a despertar em seu tempo na alma universal: ele daria mais — que a fórmula de seu pensamento, que a notação *de sua marcha*

para o Progresso. A Enormidade tornando-se norma, absorvida por todos, seria verdadeiramente *um multiplicador de progresso!* Esse futuro será materialista, como o senhor vê. — Sempre plenos do *Número* e da *Harmonia*, esses poemas serão feitos para ficar. — No fundo, seria ainda um pouco a Poesia grega. A arte eterna teria suas funções; como os poetas são cidadãos. A Poesia não ritmará mais a ação; *estará à frente.*

Esses poetas existirão! Quando for rompida a infinita servidão da mulher, quando ela viver para ela e por ela, tendo o homem, — até aqui abominável, — lhe dado a liberdade, também ela será poeta! A mulher encontrará o desconhecido! Seus mundos de ideias diferirão dos nossos? — Ela encontrará coisas estranhas, insondáveis, repugnantes, deliciosas; nós as tomaremos e compreenderemos.

Enquanto esperamos, peçamos aos *poetas* algo *novo*, — ideias e formas. Todos os sagazes logo julgariam ter satisfeito esse pedido. — Não é isso!

Os primeiros românticos foram *videntes* sem se darem muito bem conta disso; a cultura de suas almas começou nos acidentes: locomotivas abandonadas, mas ainda acesas, que tomam por algum tempo os trilhos. — Lamartine é algumas vezes vidente, mas estrangulado pela forma velha. — Hugo, *muito cabeça-dura*, tem nos últimos volumes muita coisa *vista*; *Os Miseráveis* são um verdadeiro *poema*. Tenho comigo *Os castigos*; *Stella* dá mais ou menos a medida da *vista* de Hugo. Muito Belmontet e Lamennais, Jeovás e colunas, velhas enormidades mortas.

Musset é catorze vezes execrável para nós, gerações cheias de dor e tomadas por visões, — que sua preguiça de anjo insultou! Ó! Os insípidos contos e provérbios! ó as noites! ó Rolla, ó Namouna, ó la Coupe! Tudo é francês, isto é, odiento em grau supremo; francês, não parisiense! Mais uma obra desse odioso gênio que inspirou Rabelais, Voltaire, Jean Lafontaine, comentado pelo senhor Taine! Primaveril, o espírito de Musset!

Encantador, seu amor! Veja-se, pintura em esmalte, poesia sólida! A poesia *francesa* será saboreada por muito tempo, mas na França. Todo aprendiz de caixeiro está em condição de desenrolar uma apóstrofe Rollesca, todo seminarista tem no segredo de uma caderneta suas quinhentas rimas. Aos quinze anos, esses impulsos de paixão deixam os jovens com tesão; aos dezesseis, eles já se contentam em recitá-las com *emoção*; aos dezoito, mesmo aos dezessete, todo colegial que tem condições, age como Rolla, escreve um Rolla! Alguns ainda morrem por conta dele. Musset nada soube fazer: havia visões por trás da gaze das cortinas: ele fechou os olhos. Francês, molenga, arrastado do boteco até a carteira do colégio, o belo morto está morto, e, daqui em diante, não devemos nos dar sequer ao trabalho de despertá-lo com nossas abominações!

Os segundos românticos são muito *videntes*: Théophile Gautier, Leconte de Lisle, Théodore de Banville. Mas como inspecionar o invisível e escutar o inaudito é coisa diferente de retomar o espírito das coisas mortas, Baudelaire é o primeiro vidente, rei dos poetas, *um verdadeiro Deus*. Mas ele ainda viveu num meio muito artístico; e a forma que é tão enaltecida nele acaba por ser limitada: invenções do desconhecido reclamam formas novas.

Destra nas formas velhas, entre os simplórios, A. Renaud, — fez seu rolla; — L. Grandet, — fez seu Rolla; — os gauleses e os Musset, G. Lafenestre, Coran, Cl. Popelin, Soulary, L. Salles; Os colegiais, Marc, Aicard, Theurier; os mortos e os imbecis, Autran, Barbier, L. Pichat, Lemoyne, os Deschamps, os Desessarts; os jornalistas, L. Cladel, Robert Luzarches, X. de Ricard; os fantasistas, C. Mendès; os boêmios; as mulheres; os talentos, Léon Dierx e Sully Prudhomme, Coppée; — a nova escola, dita parnasiana, tem dois videntes, Albert Mérat e Paul Verlaine, um verdadeiro poeta. — Aí está. — Assim trabalho para me tornar *vidente*.

— E acabemos com um canto piedoso.

— Agachamentos —

Bem tarde, quando sente o estômago enjoado,
O irmão Milotus, de olho na lucarna ao alto
De onde o sol, claro como caldeirão areado,
Lhe vem e faz tonto, com o olhar em sobressalto
Remexe nos lençóis o ventre de prelado.

Remexe-se sob a colcha cinza, e rola
E desce, com os joelhos na pança tremendo,
Tal velho aflito com o que tem na caçarola,
Pois precisa, a asa de um pote branco sustendo,
Levantar até a cintura a camisola!

Agacha-se, friorento, os dedos do pé mal
Desencurvados, a tremer ao sol que estende
Manchas de gemas na janela matinal;
E o nariz do sujeito, onde a laca se acende,
Funga aos raios, tal um polipeiro carnal.

Com braços retorcidos, o velho se aquenta,
Beiços na pança; sente as coxas deslizando
Para o fogo, o cachimbo apaga, e a cueca esquenta;
Algo como uma ave um tanto se agitando,
Tal monte de tripa, em sua pança pachorrenta!

Ao redor dormem uns móveis aparvalhados
Ventrudos, e de muita sujeira cobertos;
Escabelos, estranhos bancos, agachados
Bufês, nos cantos, têm caras de chantre, abertos
Por sono com apetites bem destrambelhados.

No quarto, o calor, como que sujo o atravanca;
O homem tem na cachola como que só entulhos.
Ouve pelos crescer na pele úmida, arranca
Graves soluços bufos, e notas de engulhos
Escapam, sacudindo o escabelo que manca...

À noite, sob o luar que lhe faz, vagabundo,
Nos contornos da bunda rebarbas de luz,
Uma sombra em detalhes se agacha, num fundo
De neve rosada onde a malva-rosa luz...
Bizarro, um nariz busca Vênus no céu fundo.

O senhor seria execrável se não respondesse: rápido, pois em
oito dias, estarei em Paris, talvez.
Até mais.

A. Rimbaud

Sobre Rimbaud

A Arthur Rimbaud

Paul Verlaine

Mortal, anjo E demônio, diga-se Rimbaud,
O primeiro lugar te cabe em livro meu,
Mesmo se um bestalhão de obsceno te tratou,
De imberbe, quase monstro e bebum do liceu.

Acordes do alaúde e espirais de incenso
Assinalam tua entrada em templo de memória
E teu nome radioso cantará na glória,
Pois como era devido tu me amaste imenso.

As mulheres ver-te-ão, um rapaz, alto, forte,
Tão belo, de beleza do campo e sagaz,
Tão desejável, com essa indolência audaz!

A história te esculpiu triunfando da morte
Fruindo os puros excessos que a vida enseja
— Os teus brancos pés sobre a cabeça da Inveja!

Notícia

Paul Verlaine

O livro que oferecemos ao público foi escrito de 1873 a 1875, entre viagens tanto na Bélgica quanto na Inglaterra e em toda a Alemanha.

A palavra *Illuminations* é inglesa e quer dizer gravuras coloridas — *coloured plates*: este é o subtítulo que Rimbaud havia dado a seu manuscrito.

Como se verá, este se compõe de curtas peças, prosa requintada ou versos de propósito deliciosamente falsos. Não há ideia principal ou, pelo menos, nós nele não a encontramos. Alegria evidente de ser um grande poeta, algumas paisagens mágicas, adoráveis vagos amores esboçados e a mais alta ambição (alcançada) de estilo: este é o resumo que julgamos possível ousar fazer da obra a seguir. Ao leitor, resta admirá-la em detalhe.

Algumas notas biográficas bem curtas talvez sejam convenientes.

Arthur Rimbaud nasceu de uma família de boa burguesia em Charleville (Ardenas), onde fez excelentes estudos um pouco rebeldes. Aos dezesseis anos havia escrito os mais belos versos do mundo, dos quais vários excertos foram por nós apresentados, há algum tempo, em um libelo intitulado *Os poetas malditos*. Ele agora tem trinta e dois anos e viaja pela Ásia, onde se ocupa de trabalhos de arte. Seria possível dizer: o Fausto do segundo Fausto, engenheiro de *gênio* depois de ter sido o imenso poeta ativo discípulo de Mefistófeles e detentor dessa loura Margarida!

Já foi dito várias vezes que havia morrido. Ignoramos esse detalhe, mas isso nos deixaria bem tristes. Que fique sabendo disso, caso nada tenha ocorrido. Pois fomos seu amigo e continuamos a sê-lo de longe.

Dois outros manuscritos em prosa e alguns versos inéditos serão publicados em seu tempo.

Um novo retrato de autoria de Forain, que também conheceu Rimbaud, aparecerá oportunamente.

Em um belíssimo quadro de Fantin-Latour, *Canto de mesa*, atualmente em Manchester, assim acreditamos, há um retrato em busto de Rimbaud aos dezesseis anos.

As *Illuminations* são um pouco posteriores a essa época.

Novas notas sobre Rimbaud

Paul Verlaine

Não é aqui, onde o nome e o renome de Arthur Rimbaud são familiares, que nos entreteremos em reafirmar o que foi tão frequentemente dito sobre o poeta e sobre o homem — às vezes mal, outras vezes bem, e em dois ou três casos, muito bem dito. Isto que escrevo será um pouco mais biográfico do que outra coisa, e, para entrar logo no assunto e naquilo que importa, saibam que, no fim das férias de 1871, férias que passei no campo, no Pas-de-Calais, em casa de parentes próximos, encontrei, ao voltar a Paris, uma carta assinada por Arthur Rimbaud e que continha *Les Effarés* [Os assombrados], *Premières Communions* [Primeiras comunhões] e ainda outros poemas, que me tocaram, como dizer, se não burguesmente falando, por sua extrema originalidade?

Esta carta, além do envio dos poemas em questão, fervilhava, a respeito de seu autor, que era o dos versos, com informações estranhas, tais como "um pulha", "menos incômodo que um Zanetto" e que invocava a amizade de um rapaz de resto muito bom, funcionário das contribuições indiretas, grande bebedor de cerveja, poeta (báquico) nas horas livres, músico, desenhista e entomólogo, morto a seguir e que me conhecera no passado. Mas tudo isso era bem vago, os versos eram de fato de beleza assustadora. Conferi isso com colegas, León Valade, Charles Cros, Philippe Burty, queridas sombras! e, com a concordância da família de minha esposa, família com a qual eu me hospedava então, foi acertado, para minha infelicidade mais tarde, que o "jovem prodígio" também ficaria ali, para começar, e o fizemos vir. No dia de sua chegada, Cros e eu estávamos tão apressados em recebê-lo na estação de Strasbourg... ou do Nord, que nos desencontramos dele e foi só depois de ter-se irritado, Deus sabe como! contra nossa falta de sorte, durante todo o trajeto do bulevar Magenta até a rua Ramey, que o encontramos, conversando tranquilamente com minha sogra e minha mulher na sala da pequena casa de meu sogro, na rua Nicolet, ao pé da colina. Não sei por quê, eu havia imaginado o poeta completamente diferente. Tinha, então, uma verdadeira cara de criança, rechonchuda e fresca sobre um grande corpo ossudo e como que desajeitado de adolescente que crescia ainda e cuja voz, muito acentuada em ardenês, quase dialetizante, tinha esses altos e baixos da muda.

Jantamos. Nosso hóspede fez honra sobretudo à sopa e durante a refeição ficou sobretudo taciturno, só respondendo pouco a Cros, que talvez nessa primeira noite também se mostrasse um pouco interrogativo demais! indo, como analista, sem piedade, até o ponto de inquirir como tal ideia lhe chegara, por que ele havia empregado tal palavra em vez de tal outra, perguntando-lhe de algum modo sobre a "gênese" de seus poemas. O outro, que nunca vi como conversador, nem mesmo comunicativo em geral, só respondia por monossílabos bem entediados. Só me lembro de um comentário que ele "fez" a propósito dos cães (o da casa, chamado Gastineau, por quê? um que escapou da noite de São Bartolomeu do Cerco, saltava em torno da mesa). "Os cães", disse Rimbaud, "são uns liberais." Não considero a tirada como prodigiosa, mas posso atestar que ele a pronunciou. A noite não se prolongou até muito tarde, já que o recém-chegado demonstrava que a viagem o havia cansado um pouco...

Durante uns quinze dias, ele viveu em nossa casa. Ficava em um quarto onde havia, entre outras velharias, um retrato de "ancestral", pastel um pouco gasto que o mofo havia marcado na frente, entre diversos estragos, com uma mancha de fato bastante desagradável, mas que tocou Rimbaud de modo tão fantástico e mesmo sinistro que tive, a seu pedido reiterado, de relegar a outro lugar o leproso marquês. Acreditei primeiro numa farsa macabra, numa fria brincadeira... Pensei logo, e bem em seguida, sobretudo numa perda de juízo parcial e passageira, como acontece frequentemente com essas naturezas excepcionais, e a tal me atenho após vinte e quatro anos.

De outra vez, encontrei-o deitado ao sol (de outubro!) ao longo do calçamento de betume de onde se erguiam alguns degraus que levavam à casa.

Esses degraus e esse calçamento ficavam no jardim e não na rua, e separados dela por um muro e uma grade, mas através desta se podia ver, e o olho dos vizinhos da frente mergulhava diretamente nesse espetáculo no mínimo extraordinário.

Outras excentricidades desse gênero, outras ainda, estas últimas manchadas, acredito, por alguma malícia sonsa e maldosa, deram a refletir a minha sogra, a melhor e a mais inteligentemente tolerante da mulheres, e ficou acertado que — no momento da volta de meu sogro, que estava numa caça, homem burguesíssimo e que não suportaria por um instante um tal *intruso* em Sua casa, meu senhor — seria pedido a alguns de meus amigos (que haviam participado e ajudado na vinda de Rimbaud a Paris) que o alojassem e o abrigassem, sem que com isso eu me desinteressasse da "obra", em absolutamente nada, bem entendido.

Uma amizade muito forte formara-se entre nós dois durante as cerca de três semanas que havia durado a passagem do interessante peregrino por minha casa.

Sobre seus versos passados conversou pouco comigo. Desprezava-os e me falava do que queria fazer no futuro, e o que me dizia foi profético. Começou pelo Verso Livre (um verso livre que no entanto ainda não frequentava o bordel e não dava cambalhotas, desculpem, não fazia galimatias, como alguns mais "modernistas"), continuou por algum tempo com uma prosa própria, muito bela, clara, viva e brusca, calma também quando necessário. Ele me expunha tudo isso em longos passeios em torno da Butte e mais tarde nos cafés do Quartier Trudaine e do

Quartier Latin... depois não fez mais nada a não ser viajar muito e morrer muito jovem. Mas aqui só deveria ser abordada a Coletânea das poesias completas de Arthur Rimbaud publicada por Vanier. Essa coletânea acaba de sair. Contém tudo o que foi possível reunir dele em termos de versos propriamente ditos, isto é, suas "produções" até 1871, inclusive. Algumas outras coisas aí incluídas datam de depois. Os leitores da *Plume* se regozijarão de aí encontrar as obras-primas, todas — e terão o prazer de ler tentativas, esboços, mesmo libertinagens, sim, literárias! de extrema juventude... Sairão dessa leitura admiradores dos poemas conhecidos e como que clássicos, encantados com algumas peças cheias de verve, *Les raisons de Nina* [As razões de Nina], *Ma Bohême* [Minha Boêmia], *Sensation* [Sensação], um pouco ou muito horrorizados com algumas outras, intratáveis até a crueldade, *Les poètes de sept ans* [Os poetas de sete anos], *Mes petites amoureuses* [Minhas namoradinhas]...

Não é tudo o que é preciso sentir em relação a um volume de versos, nesses tempos insossos? A admiração, o encanto e... alguma bela e boa (é aqui o caso) horripilação?

outubro de 1895

Arthur Rimbaud

Paul Verlaine

Félix Fénéon disse, falando com exatidão das *Iluminações* de Arthur Rimbaud, que elas estavam fora de toda literatura e sem dúvida acima dela. Seria possível aplicar esse juízo ao resto da obra, *Poesias* e *Um tempo no inferno*. Seria possível ainda retomar a frase para situar o homem fora de qualquer espécie de humanidade, e sua vida fora e acima da vida comum. Tanto a obra é gigante, tanto o homem fez-se livre, tanto a vida passou altiva, tão altiva, que não se tem mais notícias suas e que não se sabe se ela ainda segue. O todo simples como uma floresta virgem e belo como um tigre. Com sorrisos e essas espécies de gentilezas!

Arthur Rimbaud nasceu em Charleville (Ardenas) em 1855. Sua infância foi fantasticamente vivaz. Um pouco camponesa, abarrotada de leituras e longos passeios que eram aventuras, passeios e leituras. Aluno externo no colégio de sua cidade natal, depois liceu, o rio Meuse encantador das proximidades e selvagem dos arredores: graciosa vista da Culbute e bonito bosque de Les Havetières, a fronteira belga com esse fumo que Thomas Philippe (Phlippe, como se pronuncia à maneira da senhora Pernelle: "*Vamos, Phlippotte, vamos!*" em todas essas regiões) cede por nada ou quase provocando

"Ceux qui disent: Cré nom! ceux qui disent: Macache!"*
[Os que dizem: Com os diabos! os que dizem: De modo algum!]

---

* Primeiro verso de "Douaniers" [Aduaneiros], um dos poemas "confiscados" de que se tratará. [N. Verlaine.]

e essa *aguardente* dessas hospedarias! atraíram-no sem que seus estudos maravilhosos nada tenham sofrido com isso, pois poucos são instruídos como esse antigo gazeteiro. Por volta dos quinze anos, Paris o viu, por dois ou três dias, errando sem destino. Em 1870-71 percorria o leste da França em combustão, e mais tarde relatava de bom grado Villers-Cotterets e sua floresta com os galopes de ulanos sob luas de Raffet. Retorno a Paris durante a Comuna, e breve estada na caserna do Château-d'Eau, entre vagos Vingadores de Flourens (*Florence*, gorjeavam esses efebos de cinto branco). — *Interdum* a polícia departamental tivera atenções e esse bons guardas da Capital das carícias para com esse bem jovem e colossal Glatigny munido ainda de menos documentos que nosso pobre e caro amigo, mas que disso não morreu. — Mas foi só em outubro de 1871 que ele adotou terra e língua da cidade de Villon. Em sua primeira viagem, havia exasperado o ingênuo André Gill. Desta vez, entusiasmou Cros, encantou Cabaner, inquietou e encantou uma multidão de outros, espantou muitos imbecis, contristando mesmo, segundo se diz, famílias que, assegura-se, a seguir se tranquilizaram por completo. É dessa época que datam: *Les effarés* [Os assombrados], *Les assis* [Os assentados], *Les chercheuses de poux* [As catadoras de piolho], *Voyelles* [Vogais], *Oraison du soir* [Oração da tarde] e *Le bateau ivre* [O barco ébrio], citados na primeira série dos "Poetas malditos". *Les premières communions* [As primeira comunhões], publicado por *La Vogue, Tête de faune* [Cabeça de fauno] e *Le coeur volé* [O coração roubado], estampados na segunda série não editada dos "Poetas malditos" (*Pauvre Lélian* [Pobre Lélian] — *La Vogue*) e vários outros poemas,* muitos dos quais, infelizmente,

---

* *Les mains de Jeanne-Marie* [As mãos de Jeanne-Marie], *Accroupissements* [Agachamentos], *Les veilleurs, Les pauvres à l'église* [Os pobres na igreja], *Les soeurs de charité* [As irmãs de caridade], *Les douaniers* [Os aduaneiros], tais são os títulos dessas coisas que se deve bem temer nunca se ver sair do poço de incompetência onde jazem. [N. Verlaine.]

foram confiscados — esta é a palavra educada — por uma mão que nada tinha a fazer ali, assim como também não tinha que se envolver com um manuscrito em prosa para sempre lamentado e jogado com eles em qual? e qual! cesto rancoroso? e por quê? Muitas opiniões dividiram-se a propósito de Rimbaud indivíduo e poeta. Alguns gritaram por isto e por aquilo, um homem inteligente chegou a dizer: "Mas é o Diabo!". Não era nem o Diabo nem o bom Deus, era Arthur Rimbaud, isto é, um imenso poeta, absolutamente original, de sabor único, prodigioso linguista — um rapaz que não era como todo mundo, não, com certeza! Mas límpido, resoluto sem a menor malícia com toda a sutileza, para quem a vida, para ele que quiseram travestir em lobisomem, está toda à frente na luz e na força, bela pela lógica e pela unidade como sua obra, e parece ter, entre esses dois divinos poemas em prosa destacados dessa pura obra-prima, chama e cristal, rios e flores e grandes vozes de bronze de ouro: as *Iluminações*.*

Julho de 1872, viagem e temporada na Bélgica, sobretudo Bruxelas. Encontro com alguns franceses, entre os quais Georges Cavalié dito Pipe-en-Bois, espantados. Setembro do mesmo ano, travessia para Londres, onde vida tranquila, passeios e aulas, convívio com Eugéne Vermesch. Julho de 1873, um acidente em Bruxelas: leve ferimento por um revólver mal apontado; Paris *iterum*, pouco tempo e poucas pessoas; Londres mais uma vez, algum tédio, o hospital por um instante; partida para a Alemanha. Pode-se vê-lo, em fevereiro de 1875, muito correto, fuçador de bibliotecas, em plena febre "filomática", como ele dizia em Stuttgart, onde o manuscrito das *Iluminações* foi entregue a alguém que cuidou dele. Um outro livro havia saído em 1873, em Bruxelas, *Um tempo no inferno*, espécie de prodigiosa autobiografia psicológica, escrita nessa prosa de diamante que é sua propriedade exclusiva. A partir de

---

* No original, são reproduzidos após essa passagem os poemas "Vigílias" e "Alvorecer". [N. T.]

1876, quando a Itália é percorrida e ele domina o italiano, assim como o inglês e o alemão, perde-se um pouco sua pista. Projetos para a Rússia, um tropeço em Viena (Áustria), alguns meses na França, de Arras e Douai a Marselha, e o Senegal para onde embalado por um naufrágio, depois a Holanda. 1879-80, visto a descarregar veículos de colheita em uma fazenda de sua mãe, entre Attigny e Vouziers, e a percorrer essas estradas magras com suas pernas sem rivais. Seu pai, antigo oficial do exército, morto nessas épocas, deixando-lhe duas irmãs, uma das quais morreu, e um irmão mais velho. Depois se disse que ele próprio estava morto sem que nada fosse certo. Isso era tão verdade que na data de 1885 se sabia que estava em Aden, prosseguindo ali, para seu prazer, preocupações com gigantescos trabalhos de arte inauguradas no passado em Chipre, e no ano seguinte, que é portanto o ano que precede o derradeiro, as informações mais tranquilizadoras abundavam.

Essas são as linhas principais dessa existência mais que movimentada. Pouca paixão, como diria Ohnet, mistura-se à odisseia sobretudo intelectual e em suma casta. Talvez alguma *vedova molto civile* em alguma Milão, uma londrina rara, se não única — e é tudo se é tudo. De resto, que importa! Obra e vida são esplêndidas tais quais em seu *pendente interrupta* indizivelmente orgulhoso.

Não se fiar demais nos retratos que temos de Rimbaud. Aos dezesseis, dezessete anos, que é a idade em que ele havia feito os versos e fazia a prosa que se sabe, era mais belo — e muito belo — do que feio, como mostra o retrato de Fantin em seu *Canto de mesa* que está em Manchester. Uma espécie de doçura luzia e sorria nesses cruéis olhos azul-claros e nessa forte boca vermelha de ricto amargo: misticismo e sensualidade e quais! Algum dia se apresentarão semelhanças enfim aproximativas.

Quanto ao soneto das Vogais, ele só é publicado abaixo por causa de sua justa celebridade e pela explicação da caricatura. A intensa beleza dessa obra-prima a dispensa, a meus humildes olhos, de uma exatidão teórica à qual, penso eu, o extremamente inteligente Rimbaud sem dúvida não dava nenhuma importância. Digo isto para René Ghil, que talvez leve as coisas muito longe quando se indigna *literalmente* contra esse "U verde" em que só vejo — eu, como público — os três esplêndidos versos "U, ciclos, etc.".

Ghil, meu caro amigo, sou até certo ponto seu muito grande partidário, mas, por favor, não vamos mais rápido que os violinos, e não demos nós motivo para as pessoas rirem mais do que o que nos convém.

Em breve haverá uma bela edição obras de Arthur Rimbaud, tão completa quanto possível.

Vogais
Arthur Rimbaud

A negro, E branco, I rubro, U verde, O azul: vogais,
Talvez fale de vossas origens latentes:
A, negro aveludado de moscas luzentes
Que avoam, zunem por fedentinas brutais,

Golfos de sombras; E, alvor de tendas, vapores,
Geleira altiva, reis brancos, tremor de umbelas;
I, púrpuras, cuspido sangue, riso em belas
Bocas na penitente embriaguez, nos furores;

U, ciclos, verde mar, sua divina energia,
Paz dos pastos semeados de animais, da estria
Que a alquimia nas testas cultas arquiteta:

O, Supremo Clarim com estridentes arroubos,
Silêncios percorridos por Anjos e Globos:
— O o Ômega, de Seus Olhos raio violeta! —

Arthur Rimbaud

Gustave Kahn

Quando foram publicados, há cerca de doze anos, os versos e as prosas de Arthur Rimbaud, pareceu simples para a crítica literária circunscrever um pouco o tema; foi moda considerar Rimbaud unicamente o nefasto autor do Soneto das Vogais. Rimbaud tornava-se assim uma espécie de Arvers, ao contrário. Ele era o homem que havia perpetrado o mau soneto, o soneto louco, o soneto perverso. Alguns, mais atentos, deixaram de lado a obra com uma prudência respeitosa e preferiram investigar casos. Houve espanto em geral pelo fato de um homem que tivera facilidade não ter dado atenção às belas horas do sucesso, que ele teria conquistado certamente, assim que se tornasse mais sensato, o que teria sido evidentemente apenas uma questão de poucos anos de aprendizado. Para alguns, os mais sagazes, pareceu certo que, sendo Rimbaud o amigo de Verlaine, fosse difícil que Verlaine, mesmo descontando a amizade, estivesse inteiramente enganado quanto ao valor da arte de Rimbaud. Assim, lamentavam-se algumas belas faculdades perdidas no deserto; apreciavam-se, salvo manchas, elipses e gongorismos a contrapelo, "Les effarés" [Os assombrados] e "Le bateau ivre" [O barco ébrio]. E depois, entre pessoas mesmo um pouco letradas, preferiu-se, à própria obra, ler a nota de Verlaine em *Les poètes maudits*, o que nada tem de espantoso num país como o nosso, onde o horror à erudição é levado até o amor pela conferência.

Paterne Berrichon contou-nos o que sabia (e ele é o mais bem informado) sobre os detalhes da vida de Rimbaud, vida de resto predita teoricamente em suas obras; infelizmente, Berrichon só pôde, apesar de seu zelo, informar-nos de modo muito incompleto sobre o pensamento de Arthur Rimbaud, uma vez que este deu as costas à velha Europa. Não é impossível que, graças a sua atividade, manuscritos sejam encontrados, e com que curiosidade feliz os acolheríamos! É muito possível também que Rimbaud, ao deixar a Europa, tenha renunciado à literatura, que esse espírito visionário, que não tinha necessidade da escrita para formular suas próprias ideias completamente, para se manifestar a si mesmo, tenha desprezado escrever, ou que tenha posposto a preocupação com isso até seu retorno à Europa, ou ainda que tenha sofrido esse fascínio pelo grande silêncio que cai em raios diretos do sol do Oriente, lição de mutismo dada também pela imobilidade da noite pálida e de tom quase crepuscular, e que, já que deixava a Europa, assombrado por um certo desgosto, tenha tido piedade, tal como de nossos outros costumes, de nosso in-12 corrente e de todos os hábitos da literatura, traçada e desenvolvida pelo livreiro, que esse in-12 implica comumente. Uma outra opinião foi enunciada, a saber, que Rimbaud, tendo dado o essencial de seu pensamento, não se preocupou em reproduzir-se com mais ou menos aperfeiçoamento ou desenvolvimento. Prefiro crer que o Oriente fez dele algum contemplativo menosprezador do cálamo e da escrivaninha.

Em todo caso, a obra toda de Rimbaud cabe nesse in-12 publicado pelo Mercure; a edição, muito cuidadosamente feita, tem apresentação muito sóbria; se entre os leitores só houvesse poetas, todo comentário seria ocioso; mas, considerando ao mesmo tempo perfeitamente risíveis aqueles que declaram nada ver nessa obra, admitimos que em certos aspectos Rimbaud é um autor difícil; além do mais, há talvez alguma coisa a dizer sobre a gênese e sobre os objetivos dessas poesias, dessas *Iluminações*, desse *Tempo no inferno*, em suma, desse livro em que Rimbaud aparece, segundo o verso admirável de Stéphane Mallarmé:

Tel qu'en lui-même enfin l'Éternité le change.

[Tal como nele mesmo enfim a Eternidade o muda.]

I

Os primeiros poemas

Os poemas propriamente ditos de Arthur Rimbaud, aqueles que não estão contidos nas *Iluminações* e no *Tempo no inferno*, são muito desiguais, preciosos todos, porque permitem estudar as influências literárias que se refletem nos primórdios desse espírito tão rapidamente original. Antes de tudo, fugitiva, indicada por um pequeno poema intitulado "Roman" [Romance], bastante ruim, e por "Soleil et chair" [Sol e carne], onde já se encontram belas estrofes cantantes e versos verdadeiramente belos, a influência de Musset. Um pouco de murgerismo arrasta-se desagradavelmente em "Ce qui retient Nina". Há, em "Le forgeron" [O ferreiro], algo do Hugo grandiloquente amalgamado com Barbier ou Delacroix (aquele do quadro das Barricadas de Julho); Hugo de "Pauvres gens" [Os pobres], ou mesmo de certas peças, as menos boas, das *Feuilles d'automne*, em "Les étrennes des orphelins" [Os presentes de ano-novo dos órfãos]. E, de imediato, esses traços apagados, a partir do "Bal des pendus" [Baile dos enforcados] e da "Vénus Anadyomène" [Vênus Anadiômena]", eis que Rimbaud entrevê a alma de Baudelaire, e se deste ele imita um pouco a mania satânica e o pessimismo antifeminista de certos poemas, alça-se logo até a essência mesma da obra. Diante do "Voyage" [Viagem], eis o "Bateau ivre", e é nos *Paradis artificiels* [Paraísos artificiais] que se deve buscar a ideia primeira das *Iluminações*, do mesmo modo que a versos nostálgicos de Baudelaire correspondem linhas de *Um tempo no inferno*, assim como o Soneto das Vogais tem similitudes com "La Nature est um temple où de vivants piliers" [A Natureza é um templo onde vivos pilares], assim como também a navegação constante das melancolias de Baudelaire em direção ao céu hindu talvez tenha deixado em Rimbaud seu gosto pelos sóis do Oriente: e o que há de espantoso nisso em um menino-prodígio que sem dúvida lia *As flores do mal* na idade em que os outros mal fecharam *Robinson* ou suas inúmeras transcrições?

Qual não devia ser a sedução da obra de Baudelaire num espírito desse vigor; o verso mentalizado, espiritualizado, de uma matéria quase mineralizada na execução, estrofes onde, como num fundo de Da Vinci, surgem céus estranhos:

Adonaï, dans les terminaisons latines,
Des cieux moirés de vert baignent les Fronts vermeils

[Adonai, nas terminações latinas,
Céus em tons de verde banham as Frontes acobreadas,]

disse Rimbaud, tal como Baudelaire disse:

Léonard de Vinci, miroir profon et sombre
Où des anges charmants, avec un doux souris
Tout charge de mystère, apparaissent à l'ombre
Des glaciers et des pins qui ferment leur pays.

[Leonardo da Vinci, espelho profundo e sombrio,
Onde adoráveis anjos, com suave sorriso
Carregado de mistério, surgem à sombra
Das geleiras e dos pinheiros que encerram sua região.]

A forma do poema em prosa, leve, fluida, pictórica, reinventada, levada da estampa de Bertrand — fantasista e linear, harmoniosa sem dúvida — até a beleza musical dos "Bienfaits de la lune" [Os benefícios da lua] e a irradiação de uma inteligência ampla como a de um Diderot, analítica como a de um Constant, intuitiva à maneira de um Michelet, uma inteligência sagaz a descobrir Poe, clara para compactar em trinta páginas as miragens da ebriez, lúcida para compreender ao mesmo tempo Delacroix e Guys, clarividente para já desconfiar de uma técnica poética no entanto tão aperfeiçoada por ele mesmo, tais eram os títulos de glória de Baudelaire, que morrera havia pouco, enquanto Rimbaud começava a escrever. Acrescente-se que o destino do grande homem foi tragicamente interrompido, que ele não ocupava seu lugar entre as reputações, que se percebia não estar terminada a obra admirável, que o túmulo se havia fechado, e que antes dele a doença havia posto o selo sobre pensamentos talvez bem mais belos ainda, desde então eliminados, e se compreenderá o que o nome de Charles Baudelaire *devia* evocar nesse momento para um jovem genial,

E, nesses poemas, nenhum traço ainda da influência de Paul Verlaine.

Quando falo aqui de influência de Baudelaire e de Verlaine, não quero de modo algum dizer que Rimbaud foi um espírito imitador; bem longe disso. Mas ele entrava na vida, reconhecia ao longe, na distância e no passado, espíritos com os quais tinha ponto de contato. Se o "Bateau ivre" lembra em intenção a intenção do "Voyage", isso não impede a obra de ser pessoal, de ter brotado do próprio fundo de Rimbaud e de conter a originalidade inerente e necessária à obra-prima. Nesse poema, Rimbaud está como que no limiar de sua personalidade: saído das incertezas, limbos e das educações, ele se dá conta e de si e aparece em grandes linhas, de uma só vez. É evidentemente de longe o mais belo de seus poemas, daqueles poucos destinados a viver, com "Les effarés", tão independentes e tão bonitos no tom, daquelas ferozes caricaturas, "Les assis" [Os assentados] e "Les premières communions". E, ao lado desses poucos poemas, já tão espantosos em uma obra de primeira juventude, há aqueles que nos parecem interessantes do ponto de vista da formação do talento de Rimbaud: o realista "À la musique" [À música] (ainda baudelairiano); "L'éclatante victoire de Sarrebruck" [A estrondosa vitória de Sarrebruck], uma divertida transcrição de imagens, que não é a única em sua obra; "Mes petites amoureuses" [Minhas namoradinhas], de uma língua paradoxal e trabalhada, indicação da preocupação de Rimbaud com uma tradução que recorre ao mesmo tempo à gíria e à fala de malandros ("Fêtes de la faim" [Festas da fome]), que precedem toda uma série de poemas na mesma nota livre e paroxística.

E "Oraison du soir" [Oração da tarde] e "Les chercheuses de poux" [As catadoras de piolho]? Confesso apreciá-los menos que o "Bateau ivre" e "Les éffarés", têm desenvoltura um pouco excessivamente jovem, em divertido contraste com a segurança da forma, mas não mais que isso.

E o Soneto das Vogais?

O Soneto das Vogais? Isso pede alguma explanação.

É verossímil que um jovem extremamente dotado, precoce, instruído, que se destina às matemáticas ou a algum ramo das ciências, terá sobretudo a ambição de acrescentar alguma coisa a um patrimônio adquirido e pôr seu nome ao lado de nomes legitimamente célebres ou reconhecidos. Ele se dedicará a descobrir uma lei não entrevista, ou pelo menos a aperfeiçoar uma descoberta, tirar de um fato conhecido corolários novos e imprevistos. Em todo caso, esse jovem sábio não terá razão para negar a tradição. Um jovem precoce, genial, instruído, que sonha em se exprimir pela arte, sentirá quase sempre, nas primeiras horas de sua vida, uma imensa necessidade de originalidade. Com ou sem razão, julgar-se-á chamado a modificações radicais na maneira de sentir e de pensar dos homens de seu tempo. Sem razão, porque não se dá suficientemente conta da complexidade mesma de seu espírito, e do que ele, a despeito de si mesmo, contém de adquirido; com razão, porque o que faz sua força, seu valor, sua seiva é justamente um modo virgem de compreender as coisas: ele percebe seu universo, nele se perde e o julga sem fronteiras. Repassamos mil vezes por seus caminhos de juventude sem percebermos que se trata do mesmo caminho, pois o estado de espírito da manhã, como uma natureza prodigiosamente vivaz e rápida, aí dispôs outras florzinhas. A dificuldade de um jovem para abraçar e traduzir o que ele tem de verdadeiramente pessoal, que é seu olhar sobre as coisas e o timbre de sua voz para delas falar, faz com que seus pensamentos existentes, mas dificilmente apreensíveis, porque embrionários, pareçam a ele complicados ao excesso, raros e profundos. As encostas onde seu vinho amadureceu parecem-lhe Himalaias, e a estrada sinuosa que ele segue, distraindo-se, não importa o que experimente, para ir colher suas uvas, alcança distâncias com sua lentidão. Uma vez na colina, ele percebe horizontes tão ingenuamente claros que está certo de que nenhum olho humano os entreviu; são necessários muitos nomes novos para os frutos das novas Américas que surgem em uma contemplação inteiramente nova, e daí achados e exageros, obras-primas de impulsividade jovem, e teorias que vão esperar confirmação, no mais das vezes a encontrarão na idade madura, despojando-se do adquirido que as incomodava, uma vez mais bem situadas as noções anteriores. Rimbaud, como todos os jovens de gênio, certamente terá desejado renovar por inteiro sua linguagem, encontrar, para nelas encerrar suas ideias, gangas de um cristal desconhecido. Sem dúvida Rimbaud estava a par dos fenômenos de audição colorida; talvez conhecesse por experiência própria esses fenômenos. Não estou bastante certo da data exata do Soneto das Vogais para, a não ser como hipótese, propor que: Rimbaud pôde perfeitamente escrever esse soneto, não na província, mas em Paris; que, se o escreveu em Paris, e como um de seus primeiros amigos nessa cidade foi Charles Cros, muito inteirado de todas essas questões, ele pôde conferir, com a ciência real e ao mesmo tempo imaginativa de Charles Cros, certas ideias suas, esclarecer certas aproximações pessoais, anotar um som e uma cor. Os versos do soneto são muito belos — todos constituem imagens.

Rimbaud não lhes atribui outra importância, já que não encontramos mais anotações segundo essa teoria em seus outros escritos. Esse soneto é um interessante paradoxo que descreve uma das correspondências *possíveis* das coisas, e, por isso, é belo e curioso. Não é culpa de Rimbaud se espíritos pesados, desagradavelmente lógicos, fizeram dele um método sobretudo divertido; é menos ainda sua culpa se se atribuiu a esse soneto, em sua obra e não importa em qual sentido, uma importância exorbitante.

II
Um tempo no inferno — As *Iluminações*

As *Iluminações* são posteriores ou anteriores a *Um tempo no inferno*? Paul Verlaine não estava muito certo quanto a isso. Seria possível inferir a anterioridade das *Iluminações* e, num primeiro aspecto, de modo irrefutável, a partir do fato de que um capítulo de *Um tempo no inferno*, "Alquimia do verbo", trata de um método literário aplicado em alguns poemas e páginas em prosa das *Iluminações*. Há aí a renegação (do ponto de vista teorético) do famoso Soneto das Vogais, e uma reprovação, ou até mesmo ironias, em relação a certos poemas das *Iluminações*. Notemos, no entanto, que o desgosto do autor por esses poemas não é suficiente para impedi-lo de publicá-los ali pela primeira vez. Seria difícil admitir que é por humildade inteiramente cristã que Rimbaud, batendo no peito, oferece, como exemplo a não ser seguido, versos terrivelmente ruins; mais vale crer que, ao mesmo tempo que abandonava uma técnica extremamente difícil e perigosa (não é da coloração das vogais que falo, mas das pesquisas para fixar os silêncios, e também atingir pela sonoridade apenas a satisfação dos cinco sentidos), Rimbaud julgava então os poemas, neles mesmos, dignos de algo além da cesta de lixo. Condenar a "Chanson de la plus haute tour" [Canção da mais alta torre] teria sido de uma autocrítica um pouco severa demais.

Mas se "Alquimia do verbo" prova que os versos aí incluídos e certas prosas lhe são anteriores (não de muito), veremos que os versos das *Iluminações* retomam certas passagens de *Um tempo no inferno* ("Mauvais sang" [Sangue ruim]), que a língua das *Iluminações* é mais bela, mais segura, mais concentrada, que a de *Um tempo*. Acreditamos que se *Um tempo no inferno*, que forma a seu modo um todo, é posterior a algumas das *Iluminações*, ele foi terminado antes que todas elas fossem escritas, e essas *Iluminações* (o que temos delas) não formavam um livro, não deviam formar um livro encadeado, mas uma recolha de poemas em prosa que podia aumentar infinitamente, ou pelo menos na proporção das ideias novas, engenhosas, inesperadas que sobreviessem ao cérebro de Rimbaud; pois se Verlaine entende *Illuminations* no sentido de *coloured plates*, sentindo a falta de um título que foi, não *Enluminures* [Iluminuras], implicando algum esmero, mas uma outra palavra saída do verbo *enluminer* [iluminar], se Verlaine pensa que Rimbaud buscou um título tomado de empréstimo a imagens policrômicas, é bem difícil para nós, texto na mão, a partir do título escolhido por Rimbaud e das notas aos poemas, compartilharmos de sua opinião. *Illuminations*, a nosso ver, teria significado para Rimbaud, além da cor de Epinal em que ele pensava um pouco pelo procedimento (o Epinal e os álbuns ingleses, sobretudo os álbuns ingleses), o multicolorido intencional das festas com lanternas japonesas, e também o concurso urgente das ideias, personificadas em passantes acorrendo, lanterna na mão, à pequena praça de alguma aldeia, mais iluminados por conta da escuridão ambiente, e também essa palavra *Illuminations* correspondia à acepção de *bruscos raios do pensamento*, de imediato anotados cursivamente e tais quais. A busca de impressões, a aceitação de intuições agudas, imprevistas, a captura de analogias curiosas, essa é a preocupação das *Iluminações*, desses improvisos às vezes com tanta felicidade definitivos, às vezes indicados por uma frase inicial, seguida de um *et caetera* motivado, como "Marine" [Marinha].

Um tempo no inferno

Um tempo no inferno é a explicação do estado de alma de Rimbaud, generalizado no de um jovem de seu tempo, oriundo do terceiro estado, incomodado pelo que sente em si mesmo como pontos de inibição devidos a seu atavismo de burguesia. Tal se passa no inferno, porque o inferno embaixo, se o céu está no alto, pois que aos olhos de Rimbaud há nele próprio, nesse momento de seu espírito, borborigmo e não voo, e também porque Baudelaire (e, ao lado dele, Verlaine) é saturniano, fala do único riso ainda lógico das cabeças de morto. Influência na posição do sujeito, mas em seguida, que independência!

Rimbaud busca as cores de sua alma; encontra a história de sua raça; fez a seleção dos defeitos dos celtas em si mesmo; instantes de misticismo lhe mostraram que ele poderia ter sido um dos companheiros de Pierre l'Hermite, um dos leprosos que aqueciam suas chagas ao sol perto dos velhos muros, providos do eterno caco; instantes de violência mostraram-lhe que poderia ter sido um mercenário; teria frequentado de bom grado os sabás. Não se acha mais no século XVIII. Traduzamos: ele não encontra mais atavismo fora de um catolicismo um pouco idólatra. Revê-se no XIX, deplora que em termos de filosofia tudo culmine apenas no remendo das velhas esperanças (isso quanto à alma) e na medicina, codificação dos remédios tradicionais caseiros (isso quanto ao corpo). Que seria preciso para que esse jovem do século XIX fosse feliz? Que se vá ao *Espírito*. Que entende ele por isso? Que se volte ao paganismo, que se escute o sangue pagão, que se rejeite toda a influência do Evangelho: todo o mundo herói, e sobre-humano, como filósofos o dirão depois dele; tornar-se de novo o homem que é deus pela força e pelo esplendor, sobre os restos do homem--deus pela solidariedade e resignação. Mas não penso que, em seu desejo de se revigorar no passado, seus desejos de Anteu se limitam à Grécia. Sem dúvida, ele admitiria a definição de

Michelet: "a Grécia é uma estrela, ela tem sua forma e seu brilho"; mas é em direção ao sol que ele vai, para o sol das velhas raças orientais, para a vida de tribo, e, por falta de um impossível velho Oriente, desejará o Oriente dos exploradores, ou a pradaria dos comanches, como convém a alguém que entrevê Nietzsche e se lembra ainda de Mayne-Reid: vigor das imagens de infância num gênio de vinte anos, de imagens, desde então, refletidas épicas, a ponto de coexistirem com a descoberta de novos terrenos literários. Vão dizer-me que é estranho. Penso que a incompreensão dos críticos, diante dessa obra, prova suficientemente que estamos no excepcional. E seu sonho é o de se fundir com forçados, como Jean Valjean, que ele também admira, entre regiões onde se vive outras vidas. Pouco importa o amor divino, e os *cantos racionais dos anjos*, pouco importa a *angélica escada do bom senso*, tudo o que torna solteirona, *a vida é a farsa a ser praticada por todos*, e mais valem a guerra e o perigo, apesar de ironicamente ser possível lembrar-se dos refrões de velha romança — "a vida francesa, o caminho da honra". Tudo é ridículo, mesmo a salvação. Então o álcool ("bebi um bom gole de veneno") e os delírios.

Escutemos a confissão de um companheiro de inferno. Trata-se do Esposo infernal que macaqueia a voz, os gestos, os modos da virgem tola que ele domina em seu corpo e cuja alma ele detém toda, salvo uma escapatória, um sorriso, uma ironia, uma restrição na admiração. "Um dia talvez ele desapareça maravilhosamente; mas é preciso que eu saiba, se ele deve voltar para um céu, que eu veja um pouco a assunção do meu querido!" E essa simples restrição põe tudo em questão, aniquila a condição vassala da mulher, que se refugia em sua incompreensão do esposo, enquanto o esposo julga dever garantir-se por ameaças de partida brusca. Equilíbrio instável de dois seres que se buscam neles mesmos, fingindo buscar-se um no outro; e, para passar o tempo e escapar à psicologia que se impõe demais, passeios pelas ruelas negras, e caridades a dois, e cabarés, aspectos de idílio refinado na insuficiência do amor, dos desejos de aventuras onde o amor, encontrando toda sua liberdade, encontraria todo seu sabor. Essa confissão do Esposo infernal é um conto de jovem amor complexo, turvo e encantador (a aproximar de "Ouvriers" [Operários], *Iluminações*). E se o amor não satisfaz essa alma inquieta, nem a arte que ele quer impossível, então o trabalho, a ciência — isso não tem a ver com ele, *é muito simples e faz muito calor*. Existir divertindo-se, ser histriônico à maneira de Baudelaire, ou seja, pintar ficções, sonhar *amores monstros* e *universos fantásticos*, sentir falta da *manhã* e dos espantos, encantados com a infância e suas ampliações, ter sonhado ser mago e voltar a ser camponês... É preciso buscar a salvação rumo às cidades de sonho. No limiar do inferno, há claridades espirituais para as quais tender; armado de uma ardente paciência, absorver realidades; ser você mesmo totalmente, alma e corpo, pensador independente e casto.

Assim é essa obra curta e densa, indicando a partida para fora de uma vida comum em direção a alguma vida mental e pessoal, sobre a qual não nos são dados mais detalhes.

As *Iluminações*

Eu disse há pouco o que eram em geral as *Iluminações*; vejamo-las agora mais de perto.

Veja-se o pequeno poema "Après le déluge" [Depois do dilúvio], que nos explica a visão do escritor. Nada mudou, desde o tempo em que a ideia do dilúvio se aplacou nos espíritos, isto é, pouco ou muito tempo após um lapso de tempo inavaliável de cem ou duzentos mil anos, minuto de eternidade. Foi quase ao mesmo tempo que houve Barba-Azul, os gladiadores, que os castores construíram, que se batizou o copo de café mazagran, que as crianças admiram os cata-ventos girar e olham as imagens, que houve sentimentos frescos e orgias, má música de piano, é quase ao mesmo tempo que se construirá um esplêndido hotel na noite do Polo. Tudo está em tudo, no sentido da duração, nascimento das pedras preciosas, superstições, églogas e também o mutismo da natureza que esconde bem seus segredos. Talvez ela os mostre um pouco, no dia seguinte a um dilúvio, em sua pressa de se encontrar. Então pode-se ter visões frescas. Seria bom que os dilúvios não fossem mais dissipados, que volte um, não tanto para que se saiba, mas para que se veja. A visão do poeta é monótona nessas grandes mudanças, e, salvo um cataclismo, tudo é para ela equivalente e contemporâneo. Os quadros que se seguirão são tomados dos sentimentos e dos monumentos ao mesmo tempo eternos e de um minuto dessa humanidade ao mesmo tempo estável e caleidoscópica, tal como a quer ver o poeta.

Então miragens. Após o último dia do mundo, o mundo bárbaro recomeçando nos gelos árticos e encontrando, num atavismo, por maravilha de rotina subsistente, as flores que não existem, os pensamentos humanos; paisagens figuradas onde anjos dançam bem perto das lavouras, um cenário de primitivo apresentando uma terra de Juventude, cenários de estudo de natureza, feitos de bem perto, inclinando-se, como "Fleurs" [Flores], aumento de um torrão de terra até a extensão, até o desejo do mar e do céu, e a "Aube" [Amanhecer], a alegria fresca de apreender as alegrias de luz dos primeiros raios de verão e "Royauté" [Realeza], uma espécie de canção em prosa sobre a realeza do amor, e o esboço em três linhas de uma cidade estética a adorar a beleza dos seres, das coisas e dos jardins.

Depois séries.

Eis a infância. Notações primeiro de objetos e, relativas a esses objetos, palavras estranhas, nomes próprios curiosos que tocaram a jovem imaginação, a ampliação da natureza, a relação que a criança faz de tudo, arco-íris, flor ou mar, com o que a toca de mais imediato, e depois os livros e as imagens, seus fastos, e sua sentimentalidade, e o instinto despertado na criança, um pequeno mundo visionário que surge nela e que é destruído pela fala benevolente e entediante da solicitude dos pais.

E depois a paisagem se anima: espectros, que foram almas ternas e generosas, casas fechadas tocam-na. Que é uma ausência, um luto, uma venda? Que são a tristeza e a desolação? E as flores mágicas zumbem, a necessidade de fixar encobre tudo. Eis os medos, que lhe chegam da lenda: há um pássaro no bosque, uma catedral que desce e um lago que sobe, e o grande medo, o de uma voz que se ouve de longe e que expulsa você. Depois o sonho onde a pessoa se encontra, se configura a si mesma por seus intentos (ver "Mauvais sang" [Sangue ruim]). Então ela é o santo das gravuras hagiográficas entre os animais pacíficos e encantados, o sábio da estampa segundo Rembrandt, o pedestre da descoberta e da cruzada, e, ao fim do sonho, o terror do silêncio. Breve terror: ama-se em breve o silêncio: "Que me aluguem enfim esse túmulo". Eis o sonho infantil de uma vida misteriosa e contemplativa sob uma enorme cidade populosa que é desprezada, onde se fica emparedado.

E em "Vies" [Vidas] (que se deve compreender como "devaneios"), uma segunda prova do mesmo tema, do último poema de infância, o despertar da imaginação pelos textos: ultrapassando-os, exaltando-se, percebendo-os, o cérebro da criança inventa vidas, dramas; ela sai de sua personalidade estreita, suscita personagens; um brâmane criado por ela, explica-lhe os provérbios; os pensamentos amontoam-se; há para ela minutos radiosos e múltiplos de intuições geniais. "Uma revoada de pombos escarlates troa em torno de meu pensamento." O romance de juventude e a saciedade de ter percebido rapidamente demais a vida, e de se ter espalhado em romances mentais, e um pouco de desgosto: "sou realmente do além-túmulo, e nada de incumbências".

As "Villes" [Cidades] fazem parte do desfile de encantamentos desejado por Rimbaud: luxo de miragens, paisagens de sonho. Muitos poetas, nessa hora, seja tomados pela beleza de Paris, suas transformações, seu subsolo, fábrica dissimulada de construções próprias, seja tocados pelo contato babilônico de Londres, sonharam cidades enormes, estéticas, práticas também. Utopistas de antes da guerra deixaram opúsculos sobre isso, Tony Moilin, por exemplo. É essa preocupação — "o que Paris se tornará, o que será a cidade futura?" — que Rimbaud retoma: e ele pinta cidades de alegria e de festas com cortejos de Mabs e Festas da beleza, campanário soando músicas novas e idealistas; há bulevares de Bagdá, bulevares de Mil e Uma Noites onde se canta o advento de alguma coisa de melhor que o dia de oito horas. Sintetizam-se as linhas arquitetônicas; encontra-se, pela arte, a natureza primitiva, e fazem-se, a partir desse modelo, jardins; passarelas e balcões atravessam a cidade; uma construção circular, do tipo das sissitas de Flaubert, encerra todo o comércio da cidade e dele livra o residente; o dinheiro não tem mais preço — nada de aldeias, cidades, subúrbios e campos para a caça.

Ao lado dessa série, poemas como o "Conte" [Conto] do Príncipe e do Gênio, da alma incansável de desejos e se consumindo, e paisagens, violentas pela tradução figurativa. Para dizer "do Pas-de-Calais até as Órcades", Rimbaud escreverá: "do estreito de índigo aos mares de Ossian". Ele constrói sua paisagem com alguns traços principais, acentuados e até muito forçados: "sobre a areia rosa e laranja que o céu vinoso lavou". Ele viu e descreveu as águas avermelhadas, as flores vivas, os recantos das Venezas do norte; interpretou confusões de nuvens, e tentou fixar as formas terrestres que elas simulam por um instante. E depois, ao sair desse enorme trabalho verbal, dessa luta com o tênue, o efêmero, a nuance de um raio de sol ou de uma claridade lunar, eis cantilenas totalmente despojadas, calmas, simples (verlainianas e simultâneas aos *Romances sans Paroles* [Romances sem palavras], menos belas talvez ou antes menos tocantes, mais intelectuais com frequência), e esforços para traduzir os fantasmas de ebriez, e sátira referente à magia burguesa, encantamentos e contrastantes anotações da rua, "Hortense", "Devotion" [Devoção], peregrinações à cidade de Circe. Mas, se é fácil enumerar e trazer de volta a visão, só com a citação seria possível fazer com que se compreenda a beleza complexa e segura, o ágil dedilhado tocando tão rapidamente tantos acordes que são as frases e as vistas sintéticas de Rimbaud.

É por essa habilidade verbal, e por sua franqueza ao apresentar devaneios encantatórios e hiperfísicos como simples estados da alma, a demonstrá-los estado de alma ou de espírito, e com justeza, já que seu espírito os continha, que Rimbaud viverá. Ele foi um dos belos servidores da Quimera. Foi um idealista, sem restos de passado, sem estudo monótono para textos muito conhecidos. Foi novo sem algaravia. Foi um poderoso criador de metáforas. Nessa obra só se poderá lamentar sua ausência de maturidade e também sua brevidade.

Sobre Rimbaud

Jacques Rivière

Há que se ler as *Iluminações* e *Um tempo no inferno* como um caderno que um estranho erudito tivesse deixado cair do bolso e no qual teria anotado suas observações sobre uma ordem de fenômenos até aqui desconhecidos... são suas constatações em estado bruto que ele deixa que surpreendamos [...] É exatamente o contrário da obscuridade de Mallarmé. Este oprimia um tema muito simples, muito banal, muito comum debaixo de palavras tão estranhamente escolhidas, e sobretudo tão curiosamente reunidas que não se conseguia mais reconhecê-lo. Toda a obscuridade estava na superfície, na expressão. Em Rimbaud, ela está no fundo, no próprio tema. Nada de mais simples que sua língua, nada de menos raro que as palavras e as construções que ele emprega. Na maior parte do tempo, encontramos em seu lugar normal cada um dos termos da proposição. Mas o que nos incomoda, o que nos inquieta, é que não podemos chegar a saber de que ele fala. Nós o escutamos, o seguimos, sente-se uma espécie de lógica singular em seu discurso, mas gostaríamos de saber de que se trata nessas palavras. Quanto mais o percebemos exato, e fiel ao objeto que pinta, menos o compreendemos, porque antes de tudo seria preciso saber o que ele pinta. Eu gostaria então de tentar definir com você o que é que ele pinta nas *Iluminações*. [...] Para nos situarmos, acredito que o melhor meio seja o de pensar primeiro em nossos sonhos. Não quero falar desses sonhos de superfície, que são a simples paródia da realidade, mas desses sonhos profundos, pesados, secretos, aonde só raramente descemos, pois talvez ignoremos a frequência dessas viagens noturnas de onde só raramente se trazem lembranças. Pense nesses sonhos de que cada um de nós com certeza tem uma pequena provisão, e que lhe deram a sensação de entrar em contato com paisagens e criaturas em absoluto desconhecidas. No mais das vezes, trata-se de sonhos terríveis — às vezes são prazerosos, mas então de um prazer que não se parece com nada que podemos sentir durante a vigília. Todos nos levam a tocar um outro mundo. Mas em geral, é impossível para nós fixá-los. Escapam, fogem como a água que se tem na palma da mão. Pois bem, Rimbaud conseguiu fixá-los. [...] E como Rimbaud imaginaria dirigir-se a nós quando ele não sabe o que diz? Por instantes, pensaríamos que ele diz qualquer coisa disparatada. Suas palavras desfilam diante de nós numa espécie de acaso; em nenhuma parte se reconhece essa intenção bem meditada, essa escolha lógica, essa condução do pensamento, que surgem em todas as obras do intelecto, mesmo nas mais medíocres. A esse respeito, *Um tempo no inferno* pode, à primeira vista, ser considerado um falatório insignificante e insuportável: as frases parecem nascer umas ao lado das outras segundo os mais fortuitos pretextos, segundo o mais vão capricho. — A verdade não é que Rimbaud não saiba o que diz, mas é que ele não sabe o que é que ele diz. A incoerência de sua linguagem é apenas o reflexo da ignorância em que ele se encontra a propósito da espécie de coisa de que ele fala. A ele é impossível preparar para nós o que vai dizer, porque não o detém previamente, porque só toma conhecimento dele no momento em que o profere. Suas palavras nascem perto demais de seu espírito, de modo que as não pode ouvir antes de as pronunciar. Ele assiste ao que ele exprime; ele o vê surgir diante de si, mas, assim como nós, não reconhece de onde isso vem, nem o que é. Rimbaud, nesse ponto, como em todos os outros, é uma espécie de monstro. É poeta ao escapar a todas as leis da poesia. Nada de mais picado, de mais entrecortado que seu estilo, nada que seja menos voltado para si mesmo. Cada uma de suas frases está ao lado das outras. Ela não leva a elas. Não passamos de uma a outra. Há hiatos por toda parte. E se tomamos cada uma delas em si mesma, constatamos que há sempre alguma coisa pelo fim que a impede de tomar pé, que a mantém meio erguida no ar, que rompe suas tentações de cadência. Ela sempre evita a pequena inversão que lhe daria uma inclinação, que a traria de volta ao ponto. E esse ponto sempre tem o ar de a interromper, de a fixar no ar. Ela parece propositalmente seguir de novo muito tarde para ter tempo de tocar de novo o chão, antes que tenha acabado.

Carta de Arthur Rimbaud ao sr. Lucien Hubert, ministro da Justiça*

Senhor Guarda,

Já que o senhor acaba de aceitar conjuntamente a vice-presidêincia do Conselho e da Sociedade de meus Amigos, o senhor achará conveniente que, na condição de antigo participante da comuna, incendiário etc. eu o faça saber que me considero solidário com os prisioneiros do Partido Comunista Francês (seção francesa da Terceira Internacional), e que conto ir em pessoa a uma reunião desses Amigos de que o senhor é vice-presideinte, com o fim, entre outros, de abordar com o senhor a sórdida questão do conluio e das brutalidades policiais. A propósito, quem é então esse senhor Rénier, seu superior hierárquico, em relação a minha amizade? Sem dúvida um figurão caropolmerda como o senhor. É inusitado como começo a ser bem-visto pelos vendeiros do Lugar.

Os tolos que o senhor guarda sem dúvida não lhe disseram quem eu era, Ministro, não sou um bronze a ser inaugurado. Sou da ralé. Ainda bem criança, eu admirava o forçado intratável atrás de quem se fecha sempre a prisão; visitava as hospedarias e os quartos de aluguel que ele teria consagrado com sua estada. Em que sangue andar?, eu me dizia, e se concluísse: antes, precaver-se contra a justiça, pois nunca fiz parte dessa gente; nunca fui cristão; sou da raça que cantava

---

* Carta publicada na revista *La Révolution Surréaliste* n. 12, em 15 de dezembro de 1929; escrita evidentemente para esse número da publicação por algum de seus integrantes ou por seus responsáveis, e "surrealistamente" atribuída a Rimbaud. Lucien Hubert, natural da mesma região que Rimbaud, era, na época da publicação da revista, ministro da Justiça e vice-presidente da Associação dos Amigos de Rimbaud. [N. T.]

no suplício; não compreendo as leis; não tenho o senso moral. Magistrado, você é um faz-tudo. Sua Sociedade? Tudo está restabelecido. A mesma magia burguesa em todos os pontos onde a posta nos deixará. Há, quando se tem fome e sede, alguém que o expulsa. Restam delatores e atravessadores. Ir aonde as vacas bebem? Poxa, se o sol abandona esses lugares! Mas queremos ainda nossa vingança: industriais, príncipes, senados, morram! Poder, justiça, história, abaixo! Isso nos é devido.

Para terminar, aproveito a ocasião para chamar sua atenção para o caso do alfaiate Almazian.

Até a próxima guerra.

Arthur Rimbaud

P. S.: Quanto ao mundo, quando você sair, o que ele se terá tornado? Em todo caso, nada terá das aparências atuais.

Notas

Um tempo no inferno

No passado... [p. 9]

9 O texto tem início com aspas que até o final não se fecharão.

Sangue ruim [pp. 11-23]

11 *Jamais terei minha mão*: frase com sentido metafórico, indicando provavelmente a inadequação para qualquer atividade.

14 *De profundis Domine*: significa, em latim, "das profundezas senhor".

19 *golpe da graça*: no original, lê-se "*coup de la grâce*", havendo editores que observam não se justificar a correção para "*coup de grâce*" [golpe de misericórdia]; todavia, o texto não deixa de fazer um jogo com as duas expressões.

21 *caro ponto de apoio do mundo*: no original, lê-se "*cher point du monde*", que Steinmetz sugere lembrar a frase de Arquimedes "Que me deem um ponto de apoio e levantarei a terra".

Noite do inferno [pp. 25-9]

26 *Ferdinand*: nas Ardenas, em especial na região de Vouziers, este é o nome pelo qual os camponeses se referiam ao diabo.

27 *lanterna*: os críticos sugerem tratar-se de um espetáculo de lanterna mágica.

Delírios I [pp. 31-9]

31 *Virgem tola*: essa é a expressão usada em diferentes edições em português da Bíblia no episódio narrado em Mateus, 25,1-13, que inspira a organização deste texto rimbaudiano.

33 *armas*: a palavra é empregada com o sentido de "brasões".

Delírios II [pp. 41-55]

53 *ad matutinum, Christus venit*: em latim, significavam, respectivamente, "de manhã" e "Cristo vem".

O impossível [pp. 57-61]

59 *Senhor Prudhomme*: trata-se de um personagem criado pelo desenhista e escritor Henri Monnier; representa o burguês idiota, cheio de si e enunciador de lugares-comuns.

O relâmpago [p. 63]

63 *Viver meus vintes anos*: no original, lê-se *"Aller mes vingt ans"*, trecho ambíguo, que pode ser interpretado de vários modos — completar vinte anos, viver mais vinte anos ou mesmo matar-se, ir embora aos vinte anos, como refere Steinmetz.

Manhã [p. 65]

65 *uma vez*: emprega-se aqui *"une fois"* tal como no relato de histórias —"era uma vez".

Iluminações

Depois do Dilúvio [pp. 73-5]

73 *mazagrans*: bebida argelina fria preparada com café e açúcar, originária da cidade de Mazagran.

73 *Êucaris*: nome de uma ninfa companheira de Calipso em *As aventuras de Telêmaco* de Fénélon, além de ser o nome feminino celebrado nas *Elegias* de Antoine Bertin. Designa também uma planta. Em grego, significa "cheia de graça".

Desfile [p. 85]

85 O título deste texto em francês é *"Parade"*, havendo em seu segundo parágrafo o termo *"Paradis"* [Paraíso]; a proximidade entre essas palavras é salientada por alguns críticos.

85 *exibir-se*: no original, lê-se *"prendre du dos"*, expressão interpretada de diferentes modos — exibir-se, pavonear-se, prostituir-se. Louise Varèse cita uma obra sobre gírias em que a expressão é apresentada como sinônimo de "pederastia ativa". Laura Mazza, tradutora para o italiano, optou por algo como "ganhar experiência". Steinmetz propõe *"pavaner"* [pavonear], mas não sem lembrar que se trata também de gíria para proxeneta.

85 *ciganos*: no original, lê-se *"bohémiens"*, que significa também "boêmios" (habitantes da Boêmia, pessoas de vida errante), mas Brunel sugere significar "saltimbancos".

Antiguidade [p. 87]

87 O título em francês, *"Antique"*, permite supor que o texto trate de uma estatueta — uma peça antiga, uma antiguidade — ou se refira a um período remoto, a Antiguidade.

Being Beauteous [p. 89]

89 Em inglês no original, o título — "ser belo", "ser de beleza" — provém, segundo Steinmetz, de um poema do norte-americano Longfellow, "Footsteps of Angels", onde se encontra a expressão. Há quem considere relacionar-se com *A narrativa de Arthur Gordon Pym*, de Edgar Allan Poe.

Ó a face cinérea... [p. 89]

89 Segundo estudiosos da obra de Rimbaud, este pequeno texto está na mesma página do manuscrito que o precedente, separado deste por três x. Consideram, porém, que se trata de texto autônomo e não de um parágrafo do antecedente.

Vidas [pp. 91-3]

91 *Provérbios*: trata-se do livro dos *Vedas*.

91 *a mão do campo*: em francês, lê-se *"la main de la campagne"*, que é a leitura que se faz do manuscrito, mas há a hipótese de se ler *"compagne"* [companheira], o que implica diferenças entre edições. Louise Varèse, na primeira edição de sua tradução, optou pela leitura *"compagne"*, mas na reedição de seu trabalhou acolheu a leitura *"campagne"*.

91 *clave*: a palavra em francês, *"clef"*, pode significar tanto "clave" quanto "chave".

Manhã de ebriez [p. 101]

101 *cavalete encantado*: neste texto, *"chevalet"* designa um instrumento de tortura (dito também "ecúleo"), conforme registram dicionários, mas remete ainda a outras acepções, como a de cavalete de pintura.

101 *digno*: no manuscrito, *"digne"* foi escrito de início com um "s" final, posteriormente cortado.

101 *pequena vigília*: segundo Brunel, trata-se de uma "manhã".

101 *tempo dos Assassinos*: Brunel lembra que, desde que a crítica Enid Starkie sugeriu que *"Assassins"* seria *"Haschischins"* (fumadores de haxixe), palavra esta que é a origem da primeira, essa interpretação se tornou corrente.

Operários [p. 107]

107 *Sul*: trata-se de vento do Sul, como adiante se explicita.

107 *ofícios*: entende-se que se trata de "ofícios da tecelagem".

Cidades [II] [pp. 115-7]

115 *A caça dos carrilhões*: no original, lê-se "*La chasse des carillons*", que Brunel sugere compreender-se como os carrilhões que se perseguem de uma cidade a outra, ou como a repetição de seus sons por eco nas gargantas que os amplificam. "Chasse" é usada, por elipse, no lugar da expressão "*air de chasse*" ou "*fanfare de chasse*" [ária ou fanfarra de caça], que designa peça musical, em geral para trompa ou trombeta, com o caráter dos toques executados na caça ou que os reproduz (o dicionário *Larousse du XIXe siècle* dá como exemplo a frase: "A ópera *Freischütz* de Weber tem muitas caças").

Errantes [p. 119]

119 *fraqueza*: no original, lê-se "*infirmité*", que, em vez de "enfermidade", os críticos compreendem como "fraqueza", acepção também dicionarizada.

Cidades [I] [pp. 121-3]

121 Steinmetz informa que a numeração do texto encontra-se no manuscrito, ainda que rasurada.

121 *circus*: em inglês no original, com o sentido de praça circular para onde convergem várias vias.

Vigílias [p. 125]

125 *de cortes de frisas*: há edições que sugerem caber uma vírgula após "cortes".

125 *steerage*: trata-se de palavra inglesa que designa a parte do navio destinada aos passageiros de terceira classe.

Místico [p. 127]

127 No original, o título "*Mystique*" poderia ser compreendido como substantivo em dois sentidos — o místico, aquele dado a práticas de misticismo; ou a mística, isto é, o estudo o misticismo. Em francês, a forma é a mesma no feminino e no masculino. Poderia ser tomado também como adjetivo — o poema ou o personagem ou o quadro místico; a peça ou a cena mística. Steinmetz observa que a organização do poema lembra a de um quadro e que ele já foi aproximado do tríptico dos Van Eyck *O cordeiro místico*.

Alvorecer [p. 129]

129 *wasserfall*: Palavra alemã que significa "cascata".

Flores [p. 131]

131 *assento*: em francês, lê-se *"gradin"*, que se pode compreender como banco em pedra ou madeira num anfiteatro, numa arena, num teatro. Brunel observa que, para muitos críticos, a palavra tem conotação teatral, sendo de qualquer maneira o lugar, o assento do espectador.

131 *varas de rubis*: em francês, lê-se *"verges de rubis"*, que, segundo Brunel, lembra *"verge d'or"*, planta conhecida em português como "vara-de-ouro" ou "lanceta".

Noturno banal [p. 133]

133 *banal*: a palavra usada em francês no título, *"vulgaire"*, tem vários matizes de acepção, tal como o correspondente português "vulgar". Steinmetz sugere que pode ser lida em oposição ao adjetivo *"sainte"* [santa], que qualifica a "manhã de ebriez" no poema com esse título.

133 *lareiras*: em francês, *"foyer"* pode significar lareira, lar, abrigo, núcleo, centro, saguão de teatro. Geralmente se compreende que, no caso, se trata de sinônimo de *"âtre"* ou seja, "lareira".

Marinha [p. 135]

135 O título é compreendido no sentido de representação pictórica de paisagem marinha.

Festa de inverno [p. 137]

137 *chinesas de Boucher*: o pintor François Boucher (1703-70) pintou e desenhou mulheres chinesas em vários de seus trabalhos.

Bárbaro [p. 143]

143 *A bandeira em carne sangrenta*: se Brunel compreende o trecho como "bandeira vermelha", Steinmetz o considera estranho, lembrando que a palavra francesa para "bandeira", *"pavillon"*, significa também abrigo, refúgio, casa.

143 *Suavidades*: a palavra — em francês, *"douceurs"* — tem aqui a função de um termo encantatório.

Cenas [p. 145]

145 *píer*: em inglês no original.

145 *sob lanternas e sobre folhas*: o trecho em francês, que diz "*aux lanternes et aux feuilles*", Brunel o interpreta como "graças às lanternas" e "ao ruído das folhas (caídas das 'árvores desnudadas')".

Tarde histórica [p. 147]

147 *visão escrava*: a expressão é ambígua também em francês — visão submissa ou visão de escravo.

147 *cadeiras de rochas*: há editores que julgam que no manuscrito se lê "*rois*" [reis], e não "*roches*" [rochas].

Movimento [p. 149]

149 *passada*: em francês, "*passade*", que Brunel associa à acepção fornecida pelo Littré, de ação pela qual um nadador afunda outro na água e passa sobre ele, mas que Steinmetz afirma vir do vocabulário da equitação (meia-volta feita nas duas extremidades da pista); o vocábulo português é usual nessa última acepção.

149 *strom*: em alemão, significa "corrente marítima violenta".

Bottom [p. 151]

151 Bottom é um personagem da peça *Sonho de uma noite de verão* de Shakespeare.

151 *minha mágoa*: alguns críticos veem no texto em francês, "*mon grief*", uma conotação sexual.

Devoção [p. 155]

155 *irmã*: as religiosas católicas são tratadas como "irmã" ou "freira" (em francês, diz-se habitualmente "*ma soeur*" para se dirigir a uma freira). O chapéu corneta é típico de certas freiras.

155 *Bau*: para essa exclamação (em francês, "*baou*"), há várias explicações muito diferentes — simples adaptação do termo inglês "*bow*" [cumprimentar inclinando-se]; interjeição de desagrado; interjeição encantatória.

155 *Circeto*: a palavra combinaria o nome Circe (feiticeira presente na *Odisseia*) e a palavra "*ceto*" ("baleia" em grego), ou seria a combinação de Circe com o nome Dirceto, deusa fenícia cujo corpo termina em forma de peixe.

155 *spunk*: houve alteração na grafia de uma edição para outra — *spunck, spunsk, skunk*. Mais correntemente, tem-se adotado "*spunk*"; Louise Varèse lembra

246

que figuradamente a palavra significa, na expressão coloquial, "entusiasmo, ardor". Brunel refere tratar-se de uma gíria inglesa para "esperma".

Promontório [p. 159]

159 *teorias*: a palavra tem aqui o sentido, conforme se encontra em dicionários como o Houaiss, de desfile, cortejo, pessoas marchando processionalmente.

159 *Embankments*: termo inglês que significa "dique", "aterro", "terraplanagem". No caso, pode designar tanto o cais de um rio quanto as calçadas que o margeiam. Trata-se do que em Veneza é chamado de *"fondamenta"*.

159 *Palácio*. *Promontório*: embora na maioria das edições haja hífen entre as duas palavras, Steinmetz observa que no manuscrito se lê um ponto após "Palácio", de modo a parecer que a palavra "Promontório" tenha sido simplesmente acrescentada.

Fairy [p. 161]

161 O título, em inglês, significa "fada". Críticos consideram difícil estabelecer conexão entre o texto e o título a não ser que tome este no sentido de gíria para cortesã, cocote; considera-se ainda que o termo tenha sido tomado no sentido de *"féerie"* [poder mágico, mundo maravilhoso], sentido que de fato ele não tem, ou que seja uma grafia equivocada de *"faery"*, que abarca estes últimos sentidos.

Gênio [pp. 165-7]

165 *suspensas*: o texto em francês não deixa dúvida de que se refere tanto a "genuflexões" quanto a "penas".

Juventude [pp. 169-71]

169 *desperadoes*: trata-se de palavra inglesa derivada do espanhol — a forma utilizada é corretamente a do plural em inglês. É empregada, em textos jornalísticos e romances policiais, para designar aventureiros, fora da lei.

169 *infantis*: o texto emprega um neologismo, *"enfantes"*, no caso um adjetivo, que aparece também em "Infância I" como substantivo.

169 *sucesso + uma razão*: esta (*"succès + une raison"*) é a versão adotada por Steinmetz; já Brunel adota a versão *"succès une saison"*. Steinmetz observa que o sinal + pode ser compreendido como "mais" ou como indicação para uma possível nota.

171 *Um coro de copos*: para *"un choeur de verres"*, é plausível o significado de "coro de vidros", mas o comentário de Brunel apoia o primeiro significado.

171 *estarão descontrolados...*: em francês lê-se *"chasser"*, sendo esse verbo, no caso, segundo Brunel e Steinmetz, empregado no sentido náutico, ou seja, para designar o navio que juntamente com a âncora é arrastado pela corrente.

Liquidação [p. 173]

173 *comissão*: a palavra francesa *"comission"* pode significar "comissão" ou "encomenda"; no caso, vários editores da obra compreendem que se trata do primeiro significado.

Rascunhos de *Um tempo no inferno*
[Alquimia do verbo] [pp. 177-80]

177 *se tornou*: em francês, lê-se *"devin"* — pode-se considerar que se trata do substantivo, com o significado de "adivinho", mas também que seja a forma verbal *"devins"* [tornou-se] incompleta, já que se trata de um rascunho fragmentário.

Cartas do vidente
Carta a Georges Izambard [pp. 191-3]

191 *Stat mater dolorosa, dum pendet filius*: Em português, "A mãe fica dolorosa enquanto o filho é suspenso"; aqui Rimbaud modifica o texto tradicional *"Stabat Mater dolorosa/ Juxta crucem lacrimosa/ Dum pendebat Filius"* [A mãe dolorosa estava lacrimosa junto à cruz de que pendia o Filho].

192 *Pensam-me*: em francês, *"on me pense"*, que se pode ouvir como *"on me panse"* ("curam-me", "fazem-me curativo", havendo com esse sentido em português o verbo "pensar"). Louise Varèse observa que há aí, segundo o próprio Izambard, alusão a um trocadilho histórico: quando Voltaire retornou da Inglaterra, Luis XV teria lhe perguntado: "O que o senhor aprendeu lá?" — "A pensar, Senhor", teria dito Voltaire. — "Cavalos?", teria retrucado o rei. O jogo de palavras dá-se entre o verbo *"penser"* [pensar] e *"panser"* [tratar de cavalos].

192 *Itifálicos*: que apresenta falo em ereção.

Carta a Paul Demeny [pp. 194-203]

194 *Canto de guerra parisiense*: o poema refere-se à situação política na França em 1871, com a Comuna de Paris. Nele há várias referências a dados da época, como "verdes Propriedades" (os lugares ocupados pelos que saíram da capital); Thiers e Picard (membros do governo que saíram de Paris); "coisas primaveris" (eufemismo para bombas lançadas no subúrbio); ou "caixa com velas" (designa um antigo mecanismo para armas).

194 *uns Eros*: em francês, *"des Éros"* deve ser ouvido sobretudo como *"des zeros"* [uns zeros], e não como *"des héros"* [uns heróis], conforme observa Steinmetz.

195 *Grande Truque*: a palavra *"truc"* em francês pode significar "astúcia", "estratagema", "truque" ou, correntemente, "coisa", mas no caso há um jogo de palavras com o Grande Turco (*Grand Turc*).

195 *jovem-França*: os "Jeunes-France" constituíam uma tendência do romantismo.

196 *comprachicos*: no romance de Victor Hugo *O homem que ri*, os *"comprachicos"* (neologismo de Hugo em espanhol — os "compra crianças") raptavam e vendiam crianças, fazendo delas "monstros".

199 *Amantes de Paris* e *Morte de Paris*: trata-se de dois poemas de Rimbaud que nunca foram encontrados.

200 *contos e os provérbios*: sucedem-se aqui menções a obras de Musset.

Sobre Rimbaud

Novas notas sobre Rimbaud, por Paul Verlaine [pp. 210-3]

211 *noite de São Bartolomeu do Cerco*: provável referência ao Cerco de La Rochelle (1627-8), cidade protestante, ordenado por Luís XIII. A Noite de São Bartolomeu foi como ficou conhecido o massacre dos protestantes franceses em 1572.

Arthur Rimbaud, por Paul Verlaine [pp. 214-8]

215-6 *interdum* e *iterum*: em latim, "às vezes" e "novamente".

215 *Glatigny*: Albert Glatigny (1839-73), poeta francês, que, confundido com um criminoso, foi preso na Córsega.

Carta de Arthur Rimbaud ao sr. Lucien Hubert, ministro da Justiça [pp. 238-9]

238 *Guarda*: Guarda dos Selos (Garde des Sceaux) é o título do ministro da Justiça na França.

238 *vice-presidêincia* e *vice-presideinte*: no original, *"vice-présidince"* (em lugar de *"vice-présidence"*) e *"présidaim"* (em lugar de *"président"*), sugerindo alguma suposta pronúncia.

238 *caropolmerda*: no original, *"caropolmerdis"* (numa carta a Ernest Delahaye, de junho de 1872, lê-se *"caropolmerdés"*), jogo depreciativo com a palavra *"carolopolitain"*, natural de Charleville.

239 *Almazian*: famoso caso criminal da época em que foi acusado um alfaiate chamado Almazian.

Sobre esta edição

Une saison en enfer foi lançado em 1873, em Bruxelas, numa tiragem de quinhentos exemplares, sendo o único dos livros de Rimbaud publicado por ele mesmo. Como não pôde pagar integralmente o custo da edição (em parte financiada por sua mãe), o autor dispôs apenas de alguns exemplares que distribuiu a amigos. A quase totalidade da tiragem, no entanto, foi guardada pelo editor e descoberta anos depois. Essa primeira edição traz a indicação de que o livro foi redigido em "abril-agosto de 1873". A palavra "saison" do título já foi traduzida em português de algumas diferentes formas, como "temporada", "estação", "época" ou "estadia", por respectivamente Lêdo Ivo, Xavier Placer, Mário Cesariny e Ivo Barroso — e, em espanhol, "temporada"; em italiano, "stagione"; em inglês, "season". (O poeta português Cesariny, em edição posterior, adotou o inusitado "Uma cerveja no inferno", cuja explicação seria o fato de "saison" ser o nome de uma cerveja.) Aqui se optou por "tempo", no sentido de um período, seja indefinido seja preciso; uma época.

Os textos que compõem *Illuminations* foram escritos antes de 1875, mas depois dos de *Une saison en enfer*, havendo porém divergências sobre a datação. Os manuscritos passaram pelas mãos de Verlaine e de algumas outras pessoas até a publicação parcial em alguns números da revista *La Vogue*, o que se deu somente em 1886. Houve a seguir a reunião deles num volume autônomo saído no mesmo ano. Visto o estado dos manuscritos, no que se refere tanto à ordem dos originais quanto às dificuldades de leitura da caligrafia do autor, esse texto constituiu um problema para sua edição. Assim, ainda hoje há divergências quanto a alguns pontos dos textos e quanto a sua ordem. Como no caso dos demais textos do autor presentes neste volume, aqui se seguiu a edição publicada sob a responsabilidade de Jean-Luc Steinmetz.[1] Foram mantidas certas peculiaridades dos textos de Rimbaud — preservadas nas diferentes edições em francês —, como a pontuação, habitualmente discordante dos padrões correntes (há, por exemplo, frases interrogativas sem o respectivo ponto de interrogação, vírgulas antes de travessões etc.).

Em função de uma observação de Verlaine a propósito do título, este merece algum comentário. Já houve dúvidas quanto à existência ou não do artigo "les" (as) no título, mas a questão principal provém do fato de Verlaine afirmar que a palavra "illuminations" é inglesa, e que haveria ainda o subtítulo "coloured plates", indicando o significado da palavra-título. Além disso, numa carta a Charles de Sivry, datada de 27 de outubro de 1878, Verlaine indica a pronúncia em inglês: "illuminécheunes".[2] Verlaine, em cartas a Sivry, refere também o subtítulo como "painted plates". Vale lembrar, porém, o que Antoine Adam anota: "Os historiadores ingleses, é verdade, protestam. Sustentam que *Illuminations* não pode ter esse sentido".[3] De fato, no dicionário Oxford encontra-se esta definição: "*The decoration of (an initial letter etc.) in a manuscript with elaborate tracery or illustration used in such decoration, an illluminated page. Formerly also, the colouring of maps or prints*". Adam relativiza, porém, a observação, dizendo: "Mas é possível que Verlaine e Rimbaud assim o julgassem, e é só isso que importa".[4] Vale referir aqui o texto, incluído neste volume,

---

1 Arthur Rimbaud, *Oeuvres complètes*. Estabelecimento do texto, apresentação, notas, cronologia e bibliografia de Jean-Luc Steinmetz. Paris: Flammarion, 2010. 2 Dominique Combe, *Poésies: Une saison en enfer. Illuminations d'Arthur Rimbaud*. Paris: Gallimard, 2004, p. 127. 3 Antoine Adam, "Notes". In: Arthur Rimbaud, *Oeuvres complètes*. Estabelecimento do texto, apresentação e notas de Antoine Adam. Paris: Gallimard, 1972, p. 972. 4 Ibid.

de um contemporâneo dos dois poetas, Gustave Kahn, que é peremptório em sua posição contrária à afirmação de Verlaine. Por outro lado, é verdade que no correr de seu texto Rimbaud emprega palavras em inglês, até mesmo no título de alguns poemas. Essas palavras naturalmente têm de ser mantidas nesse idioma, de modo a preservar na tradução a presença, em certos momentos, de outra língua que não a do autor. Assim, uma das alternativas para o título — levando-se em conta a observação de Verlaine — seria mantê-lo na língua original, ou seja, em inglês, tal como o autor teria feito em francês. Há o fato ainda de que as edições correntes não incluem o subtítulo aventado por Verlaine, o que de certo modo talvez enfraquecesse a leitura do título como palavra inglesa.

Esse termo tem ainda o sentido de esclarecimento ou revelação, bem como o de irradiação de luz. O homógrafo francês nos dicionários mais recentes tem apenas as duas primeiras acepções (para a terceira, de ornamentação de manuscritos, a palavra é "enluminure"). No entanto, em dicionários mais antigos, como o Littré (1863), a palavra tem também a terceira acepção, ou seja, a de "enluminure". De qualquer modo, em português, além das duas primeiras acepções, "iluminação" é "ato ou efeito de iluminar" (no sentido de "ornar com iluminuras", como se lê no Houaiss). Assim, o termo em português é suficientemente abrangente para dar conta das várias possibilidades de leitura do título original (traduzido, por exemplo, em espanhol, como "iluminaciones" ou em italiano como "illuminazioni"), e tem sido empregado habitualmente, salvo na tradução realizada por Rodrigo Garcia Lopes e Maurício Arruda Mendonça, que adotaram "iluminuras". O assunto ainda perdura, havendo críticos que continuam a defender o subtítulo. É evidente no livro o aspecto visual — cores, descrições, "estampas populares", "pinturas idiotas" (que não configurariam "enluminures"); além disso, a crítica também reconhece nele a presença forte da acepção de esclarecimento, revelação, inspiração ou mesmo de iluminações, no sentido de irradiação luminosa (luzes, lâmpadas, relâmpagos, clarões). O crítico Pierre Brunel considera "pobre e pouco significativo" o subtítulo "de que Verlaine acreditava lembrar-se" (note-se que Brunel diz que "Verlaine *acreditava*"). Lembra ainda que "coloured plates" já aparece em francês, "assiettes coloriées", no poema "Au Cabaret-Vert", de 1870. E em seguida ressalta o significado de *Illuminations*: "Não somente vai além das 'visões' do vidente e saúda o acesso a uma luz, ainda que esporádica, mas ainda lembra a *illuminatio* do Gênese, quando Deus diz: 'Que seja feita a luz!'. O poeta-demiurgo recriará também a luz".[5] Seria então uma solução de compromisso o subtítulo que a escritora portuguesa Maria Gabriela Llansol adotou para sua tradução das *Illuminations* — "(gravuras com visões coloridas)"?[6]

O texto *Les Déserts de l'amour* data de 1871-2 e é considerado uma primeira experiência de Rimbaud com a prosa poética. Faria parte de um projeto a que não deu continuidade, ou de que restaram apenas três folhas manuscritas, mas tem afinidades com o que fez a seguir, sendo considerado uma espécie de prelúdio, como diz Steinmetz,[7] a *Une saison en enfer* e *Illuminations*, o que justifica sua inclusão neste volume.

O texto *Proses évangéliques* foi escrito em duas das quatro folhas que contêm o manuscrito de *Une saison en enfer*, datando então aproximadamente de 1873. Steinmetz afirma que se pode considerar que foram escritos no verso ou na frente das folhas, se forem mais antigos ou mais recentes que o outro texto.[8] Teve diferentes tipos de publicação — as partes

---

5 Pierre Brunel, "Introduction". In: Arthur Rimbaud, *Une saison en enfer suivi de Illuminations et autres textes (1873-1875)*. Prefácio, notas e comentários de Pierre Brunel. Paris: Le Livre de Poche, 2018, p. 14. **6** "Veja-se, a propósito, o trabalho gráfico de Augusto de Campos e Arnaldo Antunes, intitulado "iluminações", no volume *Rimbaud livre*, de Augusto de Campos (São Paulo: Perspectiva, 1992). **7** Jean-Luc Steinmetz, "Notes". In: Arthur Rimbaud, *Oeuvres complètes*. Paris: Flammarion, 2010, p. 181. **8** Ibid., p. 191.

publicadas separadamente, e uma delas, o texto sobre Betsaida, chegou a sair junto com *Illuminations* e, mais tarde, com *Une saison en enfer*. Neste caso, foi incluída como preâmbulo do livro, num evidente "mal-entendido editorial" (como observa Guyaux[9]). Exemplificando a aproximação entre estes textos e *Une saison en enfer*, Guyaux cita Pierre Brunel, que refere uma das partes do livro, "Nuit d'enfer" "como uma "espécie de quarta paráfrase".[10] Tidas assim como paráfrases dos textos bíblicos, essas três prosas de Rimbaud são geralmente consideradas irônicas contestações do evangelho. Há, porém, leituras que as enxergam menos paródicas ou blasfematórias. Como observa Steinmetz, não constituem exatamente um projeto, tendo sido escritas num momento em que "Rimbaud não sabia ainda muito bem o que ia escrever".[11]

As *Lettres dites* "*du voyant*" são duas cartas em que Rimbaud expõe concepções relativas a sua visão literária, sendo assim importantes para a leitura de sua obra, da qual de certo modo fazem parte por trazerem poemas em seu corpo. Na edição preparada por Jean-Luc Steinmetz, o cuidado de caracterizá-las como "ditas" e de pôr entre aspas "do vidente" sinaliza que naturalmente essa é uma qualificação posterior. De qualquer modo, diz Steinmetz que ambas "merecem esse título que insiste numa palavra que Rimbaud assimila à função poética e que ele tenta definir tanto à luz dos acontecimentos recentes (a Comuna de Paris) quanto a partir da história literária universal".[12] Georges Izambard foi professor de Rimbaud no colégio de sua cidade natal. Paul Demeny foi um poeta, hoje quase esquecido a não ser pelo fato de ser destinatário da carta de Rimbaud. As cartas contêm poemas que também foram compreendidos aqui.

Completando o conjunto, incluíram-se os rascunhos de *Une saison en enfer*; embora tenham subsistido apenas partes do

---

9 André Guyaux, p. 923.   **10** Ibid.   **11** Jean-Luc Steinmetz, op. cit., p. 191.
12 Ibid., pp. 90-1.

conjunto, estas têm grande importância, pois dão alguma ideia do processo de escrita. Subsistiram quatro páginas que compreendem, como já mencionado, as paráfrases bíblicas, escritas provavelmente na mesma época, mas que constituem outro projeto. A transcrição desses rascunhos é complexa, pois eles incluem trechos de difícil leitura ou mesmo ilegíveis, trechos riscados, com substituições e acréscimos; assim, entre distintas edições, há diferenças resultantes seja do modo de apresentar a transcrição, seja da própria leitura dos manuscritos. São evidentes as diferenças, por exemplo, entre a edição de 1972, de Antoine Adam e a de 2009, de André Guyaux (ambas na coleção Pléiade). Seguiu-se aqui a edição de Steinmetz (posterior, mas próxima à de Guyaux), sobretudo porque sua forma de apresentar o material parece mais cômoda para a leitura.

Como adendo, foram incluídos no volume alguns textos sobre Rimbaud. Para começar, um dos poemas que Verlaine lhe dedicou, publicado pela primeira vez no número 5 de *Le Chat noir*, de 17 de agosto de 1889. A seguir, ainda de Verlaine, três dos textos crítico-biográficos que escreveu sobre Rimbaud. "Notícia" foi originalmente publicado (sem esse título) na edição de *Illuminations* de 1886. O texto seguinte saiu em *La Plume* em 15 de novembro de 1895. O terceiro texto apareceu originalmente na revista *Les Hommes d'aujourd'hui*, número 318, de janeiro de 1888. Embora haja passagens que se repitam nos vários textos, cada um deles tem, além da importância documental, aspectos particulares de interesse.

O texto de Gustave Kahn (1859-1936) foi publicado na *Revue blanche* de 15 de agosto de 1898. Trata-se de um dos primeiros textos mais alentados sobre o poeta. Fundador das revistas *La Vogue* e *Symboliste*, e diretor de *La Revue indépendante*, além de historiador do movimento simbolista e decadente, tendo escrito sobre ele em *Symbolistes et décadents* (1902), Kahn foi responsável, juntamente com Félix Fénéon, pela publicação de *Illuminations*.

Jacques Rivière (1886-1925), diretor da *Nouvelle Revue française*, foi, no começo do século XX, um grande estudioso da obra de Rimbaud. Dominique Combe estima as considerações de Rivière como "um dos ensaios mais perspicazes já consagrados ao poeta".[13] O texto de Rivière é constituído por excertos sobretudo de sua correspondência com Alain-Fournier. Tal como aqui estampado, encontra-se no livro de Dominique Combe, tendo sido organizado com passagens extraídas do volume *Rimbaud: Dossier 1905-1925*.[14]

Por fim, a carta de Rimbaud dirigida a Lucien Hubert, originalmente publicada na revista *La Révolution Surréaliste*, é naturalmente uma carta ficcional (conforme assinalado na nota de rodapé), que constitui antes de tudo um exemplo de como o Rimbaud insurrecto era tido pelos surrealistas. Lucien Hubert (1868-1938), político oriundo da mesma região que o poeta, Ardenas, foi de fato ministro da Justiça e vice-presidente da Associação de Amigos de Rimbaud, de que era presidente o poeta Henri de Régnier. O texto na revista *La Révolution Surréaliste* vinha acompanhado da reprodução de um trabalho de Salvador Dalí intitulado "Les Plaisirs illuminés".

Para algumas passagens dos textos de Rimbaud — apenas, porém, nos casos em que isso pareceu de fato imprescindível — esta edição apresenta notas sucintas, elaboradas a partir de informações fornecidas pelas edições francesas aqui citadas e por algumas das traduções consultadas, como, além daquelas dos tradutores para o português já referidos, as de John Ashbery, Louise Varèse, Wyatt Mason e Paul Schmidt para o inglês e de Laura Mazza e Dario Belleza para o italiano.

J. C. G.

13 Dominique Combe, op. cit., p. 213.   14 Roger Lefèvre e Jacques Rivière (Orgs.), *Rimbaud: Dossier 1905-1925*. Paris: Gallimard, 1977.

ARTHUR RIMBAUD nasceu em Charleville, na França, em 1854, o segundo de quatro irmãos. Sua mãe vinha de uma antiga família de agricultores da região. Ainda na escola Rimbaud demonstrou um talento incomum para as letras, escrevendo poemas em latim e vencendo diversos concursos colegiais. Na adolescência começou a sair de Charleville, indo para Paris e Bruxelas. Em 1871, na capital francesa, aproxima-se dos círculos simbolistas — graças em grande parte ao seu poema "Le bateau ivre", um marco da poesia moderna — e inicia uma relação tempestuosa com o poeta Paul Verlaine, então casado. Os dois vão passar um tempo em Londres. Em 1873, em Bruxelas, Verlaine dispara um tiro contra Rimbaud, ferindo-o; assim, chega ao termo a relação. Rimbaud então passa algumas semanas escrevendo a única obra que veria publicada, *Um tempo no inferno*. Depois, completa os poemas em prosa de *Iluminações*. Em 1875, com apenas 21 anos, Rimbaud abandona a poesia. Seus próximos dezesseis anos seriam passados na França e na África, onde se tornaria comerciante. Um tumor no joelho esquerdo o obriga a retornar à França, onde morre num leito hospitalar em 1891, em Marselha, com apenas 37 anos. A primeira edição das obras de Rimbaud aparece em 1895.

JÚLIO CASTAÑON GUIMARÃES nasceu em Juiz de Fora (MG), em 1951. Doutor em letras pela UFRJ, é crítico, poeta e tradutor. Autor de, entre outros, *Poemas* [1975-2005], *Se dispersão* e *Em viagem*. Publicou também *Territórios/conjunções* (sobre Murilo Mendes) e *Por que ler Manuel Bandeira*. Como tradutor, verteu autores como Charles Baudelaire, Mallarmé e Paul Valéry.

© Todavia, 2021
tradução © Júlio Castañon Guimarães, 2021

Todos os direitos desta edição reservados à Todavia.

Grafia atualizada segundo o Acordo Ortográfico da Língua
Portuguesa de 1990, que entrou em vigor no Brasil em 2009.

capa
Pedro Inoue
preparação
Julia de Souza
revisão
Erika Nogueira Vieira
Fernanda Alvares

Dados Internacionais de Catalogação na Publicação (CIP)

Rimbaud, Arthur (1854-1891)
Um tempo no inferno & Iluminações / Arthur
Rimbaud ; tradução e organização Júlio Castañon
Guimarães. — 1. ed. — São Paulo : Todavia, 2021.

Título original: Une saison en enfer & Illuminations
Inclui apêndices e notas de fim.
ISBN 978-65-5692-177-8

1. Literatura francesa. 2. Poesia. I. Guimarães, Júlio
Castañon. II. Título.

CDD 841

Índice para catálogo sistemático:
1. Literatura francesa : Poesia 841

Bruna Heller — Bibliotecária — CRB 10/2348

todavia
Rua Luís Anhaia, 44
05433.020 São Paulo SP
T. 55 11. 3094 0500
www.todavialivros.com.br

fonte
Register*
papel
Munken print cream
80 g/m²
impressão
Geográfica